Conversaciones con el Miedo

Anya Deva

Traducido al español y editado por
Andrea Zalavari ∞ Kiretpal

Publicado por: Galactic Family Healing Arts Center
Temple of One Infinite Creator, EE.UU.

ISBN: 979-8-90271-182-7

Instagram de la autora: @anyadeva
TikTok: @anyadeva
YouTube: AnyaDeva5D

Contacto directo: Anya Deva 917 848 4807
para reservar una sesión psico-somática privada
o consejería on-line de Niño Interior / Trabajo con la Sombra.

Revisa más libros de Anya Deva
disponibles en Amazon.com:

Psycho-Somatic Bodywork: A Beginner's Guide to Emotional, Mental, and Physical Well-Being Through Thai Massage, Meridians, and Marma Therapy
(Trabajo Corporal Psico-Somático: Guía para principiantes del bienestar emocional, mental y físico a través del masaje tailandés, meridianos y terapia marma)

The Mirror Method: Transform Your Reality by Seeing Your Subconscious Mind Reflected in the World Around You
(El Método del Espejo: Transforma tu realidad al ver tu mente subconsciente reflejada en el mundo que te rodea)

Chakras & Kundalini: Unlock Your Energy Centers and Awaken the Infinite Intelligence Within
(Chakras y Kundalini: Desbloquea tus centros de energía y despierta la inteligencia infinita en tu interior)

Abraza a tu niño/a interior

Mi pequeñito/a, te veo y siento tus preocupaciones—
está bien sentirte así.
Has sido tan valiente cargando todo esto a solas durante tanto tiempo.
Pero quiero que sepas que ya no estás solo/a—
estoy aquí ahora, y no me iré a ninguna parte.
Respiremos profundo juntos/as y dejemos que ese miedo se suavice.
Estás a salvo, amado/a y protegido/a.
Sé que el mundo puede sentirse aterrador, pero te prometo
que hay tanto amor esperándote—por dentro y por fuera.
Enfoquémonos ahora en ese amor: la calidez, la paz
y la luz que siempre nos acompaña.
Eres tan precioso/a para mí,
y siempre te guiaré de vuelta al amor y a la seguridad, pase lo que pase.
Eres libre de soltar el miedo ahora—
está bien descansar en el amor.

Acepto mi Miedo.
Amo a mi Miedo.
Respeto a mi Miedo,
mi mayor Maestro.
Estoy agradecido/a por tus lecciones.

Miedo y amor

El miedo, uno de los maestros más profundos de la vida, se alza como la contraparte del Amor en la dualidad de la experiencia humana. Su función es doble: crea barreras a nuestra paz y alegría, pero también actúa como catalizador de crecimiento y transformación. Cuando nos atrevemos a liberarnos de sus cadenas y a desbloquear la capacidad de confiar plenamente en la sabiduría de nuestra alma, ascendemos más alto hacia la inspiración y la libertad.

La emoción del miedo, alimentada por nuestra propia energía, se siente como una banda elástica interna que se estira, generando una tensión inmensa. Cuando finalmente soltamos, libera su poder y nos impulsa hacia adelante con todo su potencial acumulado, llevándonos hacia nuestros sueños más grandes y convirtiéndolos en realidad. Depende de cada uno de nosotros liberarlo o dejar que nos quiebre por dentro mediante un proceso de implosión lenta. El nivel de autoconciencia y la elección consciente determinan la dirección de ese proceso. Este libro ofrece herramientas para transformar el miedo en una fuerza creativa en lugar de destructiva.

A través del miedo, confrontamos aquello que no preferimos, lo que agudiza nuestra claridad acerca de lo que realmente deseamos. Este contraste es uno de los mayores regalos del miedo. Es en nuestros momentos de contracción más profunda y oscura cuando comenzamos a anhelar la expansión, impulsándonos hacia la verdad y la autorrealización. Sin los desafíos del miedo, el impulso por evolucionar y expandirnos podría permanecer dormido, deteniendo tanto el crecimiento personal como el colectivo.

Siento una profunda gratitud por el miedo como maestro. Sus lecciones han acelerado mi evolución e inspirado la escritura de este libro, compartiendo las percepciones y oportunidades que ofrece. A través del miedo, vislumbramos el potencial infinito del Amor y de la propia Creación.

Habla con tus emociones.
Ellas te guían hacia los pensamientos que ni siquiera sabías que tenías.
Reconoce la emoción; mira el pensamiento.
Entonces podrás cambiar los pensamientos,
cambiar tus acuerdos,
cambiar tu vida.
Ama tu vida.
Ámate a ti.
Luz.

Las Cadenas

El miedo es una emoción poderosa que, cuando permanece inconsciente, tiene efectos destructivos en todos los aspectos de nuestra vida. Nos mantiene atrapados en modo de supervivencia, drena nuestra energía y nos desconecta de nuestro poder interior y de nuestra creatividad. Más allá de obstaculizar el crecimiento personal, el miedo afecta nuestras relaciones, nuestra salud, nuestro flujo de dinero y nuestra capacidad de vivir plenamente en el momento presente.

El miedo puede impulsarnos a actuar en contra de nuestra naturaleza más elevada, llevándonos a traicionar nuestros valores e integridad. Bajo su influencia, podemos recurrir a mentiras, robos o incluso a actos de agresión, todo en un intento desesperado de protegernos o escapar de amenazas percibidas y del dolor emocional. El miedo nubla nuestro juicio, nos desconecta del amor y de la empatía, y nos conduce por caminos que contradicen nuestra verdadera esencia y nuestro propósito superior.

El miedo crea una niebla mental, lo que dificulta pensar con claridad y tomar buenas decisiones.

Nos paraliza, impidiéndonos actuar hacia nuestros objetivos y sueños.

El miedo alimenta la duda, debilitando la confianza y la creencia en nuestras capacidades.

Tensiona las relaciones al activar inseguridad, celos y desconfianza.

El miedo amplifica el estrés, lo que puede debilitar el sistema inmunológico y contribuir a problemas de salud físicos y mentales.

Bloquea la creatividad, la innovación y la capacidad de resolver problemas.

El miedo perpetúa creencias limitantes, manteniéndonos atrapados en patrones antiguos e impidiéndonos crecer.
Alimenta la ansiedad y la preocupación por el futuro, robándonos el momento presente.
El miedo nos aísla, impidiendo conexiones significativas con los demás por temor al rechazo o a la vulnerabilidad.

Refuerza una mentalidad de escasez, lo que hace que nos enfoquemos en la carencia en lugar de la abundancia y las oportunidades.

El miedo nos atrapa en un estado constante de lucha o huida, volviéndonos reactivos en vez de creativos.

Nos esclaviza a fuerzas externas, como las presiones sociales y personas manipuladoras.

Drena nuestra energía vital, dejándonos exhaustos y debilitados.

El miedo nos mantiene atrapados en un bucle de supervivencia, impidiendo la evolución personal y espiritual hacia estados más elevados de conciencia.

Nos desconecta de nuestra verdadera fuente de poder y de nuestra dicha interna.

El miedo bloquea la realización de nuestro potencial divino y del amor infinito que llevamos dentro.

Aprender a transformar la poderosa energía del miedo en amor, creatividad y compasión es una habilidad vital para alcanzar la verdadera libertad, felicidad y salud. Cuando dominamos este arte, recuperamos la energía que antes consumía el miedo y la canalizamos hacia la construcción de una vida alineada con nuestro mayor potencial. Esta transformación nos permite salir del modo de supervivencia, acceder a niveles más profundos de conciencia y abrazar nuestro verdadero poder con claridad y propósito.

El Prisma de la Mente

La mente actúa como un lente que refracta y moldea nuestra percepción de la realidad, de la misma manera que un prisma dobla y dispersa la luz. Cuando hacemos pasar nuestra energía a través de creencias que no están alineadas con nuestra verdadera naturaleza —que es el amor— experimentamos ansiedad y miedo.

El miedo actúa como un guía, señalando que las creencias que sostenemos sobre nosotros mismos o sobre el mundo necesitan ser examinadas. Si ignoramos o no somos conscientes de estos pensamientos negativos, el miedo persistirá, regresando de distintas formas y haciéndose más fuerte hasta captar nuestra atención. Tocará a tu puerta una y otra vez hasta que la abras. Este ciclo continúa hasta que elegimos enfrentar nuestro miedo, escucharlo y descubrir las narrativas falsas que aceptamos muchas veces durante la infancia.

Nuestras creencias limitantes se convierten en programas subconscientes que dictan nuestra vida. Todo sufrimiento, insatisfacción, dificultades económicas y mala salud resultan de las distorsiones tóxicas de la mente egóica. Sin embargo, cuando reconocemos nuestra capacidad de hacernos cargo de nuestra programación mental, recuperamos nuestro poder. Al elegir conscientemente y cambiar estas creencias, nos convertimos en los arquitectos de nuestra realidad, moldeando nuestra vida exactamente como deseamos. La consciencia y la transformación intencional de estos programas subconscientes son las llaves que abren la puerta a un crecimiento inmenso e imparable.

8 Niveles de la Mente

Un nivel más alto de despertar puede alcanzarse mediante un proceso simple: penetrar las capas de la mente.

1ª: La primera capa, conocida como la mente consciente o la mente pensante, generalmente corresponde a la actividad del lado izquierdo del cerebro. Es la primera capa de la mente que las personas utilizan durante el estado de vigilia.

2ª: La segunda capa de la mente se conoce como la intuición, que surge de experiencias de conexión en forma de percepciones internas (a través de la vibración de los centros de energía inferiores). Esta intuición es la conexión principal con el Yo Superior de cada persona y con los guías del alma, quienes ofrecen sugerencias para el crecimiento y la evolución hacia niveles más elevados de la realidad. Esta intuición está presente en todos.

Nota: Esta intuición también se conoce como "corazonada" o "sensación en el estómago".

3ª: La tercera capa de la mente puede considerarse el yo inconsciente, presente principalmente en los reinos internos del subconsciente, donde se crea el inconsciente personal. Los recuerdos de la encarnación actual y todos los eventos cargados emocionalmente se almacenan en este nivel, contribuyendo a la formación de la memoria emocional. Esta es la capa de la mente con la que trabajamos en el *Shadow Work* (trabajo con la sombra). Usamos las emociones como llaves que abren las puertas del inconsciente, para poder ver las creencias almacenadas allí y cambiar los acuerdos que nos dañan.

4ª: La siguiente parte de la mente, la cuarta capa, es la mente racial, que pertenece a la raza en la que un alma ha encarnado. Esta mente crea sistemas de creencias y a veces influye en la mente consciente para racionalizar decisiones basadas en la identidad racial.

5ª: Debajo de estas capas está la mente del planeta Tierra, que es la interconexión de todos los seres que son y han sido parte del planeta. Esto crea una red de complejos mentales y experiencias compartidas por debajo de los niveles personales de actividad mental. Esta red forma la mente planetaria, que se volverá predominante durante la transición hacia la cuarta densidad.

6ª: Esto conduce a otra parte de la mente: la mente del Logos o mente arquetípica, que proporciona la estructura básica y las distorsiones del funcionamiento del ser creadas a través de las experiencias del Logos Solar.

7ª: Más allá de esto está la mente Galáctica o mente Cósmica, que es la culminación de todas las mentes conectadas de diversos sistemas galácticos.

8ª: Finalmente, cuando una persona atraviesa todas estas capas de la mente, llega a la última: la mente del Alma o el complejo espiritual de una entidad. Esta es la mente del Creador o el yo espiritual, que conduce a la creación y ofrece la capacidad de elegir una vida.
Todas las capas anteriores, excluyendo el complejo espiritual, están disponibles durante la secuencia de encarnación. El complejo espiritual o la mente del Creador solo se vuelve accesible cuando las capas anteriores son penetradas mediante el afinamiento del complejo mental.

Para ayudar con esto, ahora compartimos un ejercicio.
La penetración de la mente puede ocurrir cuando las entidades se vuelven conscientes de cada movimiento que hacen durante el día despierto. Por ejemplo, si una persona decide caminar con plena conciencia, cada paso requiere enfocarse en cada movimiento: concentrarse en cada pierna mientras se excluyen todas las demás intrusiones en el complejo mental. Si este ejercicio se practica por un mínimo de diez minutos, conducirá a la conexión con el complejo espiritual. Así es el camino del ser de cuarta densidad en esta línea temporal.

Por lo tanto, la Mente del Creador puede accederse cuando colocamos toda nuestra atención en el momento presente y permanecemos allí por al menos diez minutos. Esto también puede lograrse mediante la meditación de ascensión.

Emociones: Las claves para acceder a la mente profunda

Al reconocer y comprender tus emociones negativas puedes descubrir las creencias destructivas que representan, desmantelar las falsedades y reemplazarlas por la verdad. En la verdad, redescubres tu vibración esencial: el Amor. El amor atrae más amor, y a medida que reescribes tus creencias, tu vida se transforma, permitiéndote abrazar plenamente tu papel como el Creador de tu realidad.

Las emociones son tus llaves mágicas, tus guías hacia las creencias inconscientes que moldean tu realidad. Para transformar tu vida, cambia tus creencias. Este es el proceso de alquimia interna: transmutar el plomo de las creencias antiguas pesadas y basadas en el miedo, en el oro de las creencias basadas en el amor.

Este trabajo interior puede sentirse pesado y muchas personas temen enfrentar las sombras dolorosas de su pasado personal y ancestral. Pero ¿y si lo abordaras de otra manera? Podrías verlo como excavar en busca de un tesoro enterrado, desenterrando el oro y los diamantes escondidos dentro de ti. O imaginarte como el héroe épico de tu historia, rompiendo las cadenas del miedo y la opresión—no solo para ti, sino para toda tu línea ancestral y para la humanidad. Tal vez eres un detective, exponiendo secretos enterrados durante mucho tiempo y recuperando el brillo y la alegría que fueron robados por generaciones. O quizás un legendario cazador de demonios, cortando las ilusiones de las creencias negativas (como un Hashira en *Demon Slayer*) en una misión sagrada.

Hay innumerables formas de emprender este viaje y tú puedes elegir tu camino. No importa cómo lo encuadres; este trabajo interior es esencial para cualquiera que busque evolucionar junto al planeta mientras la humanidad asciende a nuevos niveles de conciencia.

Datos Curiosos

1.- El miedo es universal: Todas las personas sienten miedo sin importar cultura, género o edad. Es una emoción básica ligada a nuestros instintos de supervivencia.

2.- Respuesta de lucha o huida: El miedo activa la amígdala en el cerebro, desencadenando la respuesta de "lucha o huida" que prepara al cuerpo para enfrentar o escapar de un posible peligro.

3.- El miedo puede ser genético: Algunos miedos, como el miedo a las serpientes o a las alturas, pueden tener un componente heredado de nuestros antepasados que aumentaba sus posibilidades de sobrevivir.

4.- El miedo mejora la memoria: Las experiencias que generan miedo suelen recordarse con más claridad, ya que la amígdala potencia la formación de recuerdos durante situaciones de alto estrés.

5.- El miedo puede ser adictivo: Algunas personas buscan experiencias que generan miedo controlado como películas de terror o montañas rusas porque producen una mezcla intensa de adrenalina y endorfinas.

6.- Las fobias se aprenden: Muchos miedos específicos o fobias se adquieren a través de experiencias personales o por condicionamiento social, más que por instinto.

7.- El miedo puede salvarte la vida: El miedo agudiza los sentidos y acelera los reflejos, ayudándote a reaccionar rápido ante un peligro. Es un mecanismo natural de supervivencia.

8.- Existe la posibilidad de no sentir miedo: Una condición muy rara llamada enfermedad de Urbach-Wiethe daña la amígdala impidiendo que quienes la padecen experimenten miedo.

9.- El miedo y la risa están conectados: A veces, el miedo puede provocar risa nerviosa como una forma del cuerpo de liberar tensión acumulada.}

10.- **El miedo se puede superar:** La terapia de exposición y las técnicas cognitivo-conductuales son altamente efectivas para ayudar a las personas a superar miedos y fobias. Algunas de estas técnicas las aprenderás en este libro.

11.- **El miedo fortalece los lazos:** Experimentar miedo en grupo, como ver una película de terror, puede generar una sensación de unión y conexión.

12.- **El miedo es contagioso:** Basta con ver a alguien en estado de miedo para activar respuestas de miedo en tu propio cerebro a través de las neuronas espejo. El miedo colectivo es uno de los factores que influyen en los movimientos del mercado financiero.

13.- **El miedo alimenta la creatividad:** El miedo al fracaso o a la incertidumbre puede impulsar a las personas a pensar fuera de lo común, fomentando la creatividad y la innovación. Es un mecanismo de supervivencia.

14.- **El miedo al miedo:** El concepto de "miedo al miedo" (ansiedad anticipatoria) puede ser más incapacitante que la situación temida en sí. Permanecer expuesto a esta tensión interna durante mucho tiempo puede causar enfermedades físicas crónicas.

15.- **Sueños libres de miedo:** Curiosamente, durante el sueño REM (fase de los sueños), el cuerpo suprime la hormona del estrés cortisol, haciendo que las pesadillas sean menos aterradoras de lo que serían en la vida real.

16.- **Los colores influyen en el miedo:** Algunos estudios sugieren que ciertos colores como el rojo pueden intensificar sensaciones de miedo o ansiedad en determinados contextos.

17.- **Los animales también sienten miedo:** Muchos animales muestran respuestas de miedo, como quedarse inmóviles o huir, pero algunas especies son más resistentes al miedo como los tejones meleros.

18.- **El miedo puede ser divertido:** El miedo controlado como en escape rooms o casas embrujadas, es una forma popular de entretenimiento porque permite enfrentar el miedo en un entorno seguro.

19.- **El miedo mejora la toma de decisiones:** Cuando se maneja adecuadamente, el miedo puede agudizar el enfoque y las habilidades de decisión en situaciones de alta exigencia.

20.- **El miedo es un maestro:** Muchas filosofías espirituales y de desarrollo personal consideran al miedo como un guía que ayuda a las personas a crecer al enfrentar y superar desafíos. ¡No temas a tu miedo! En lugar de eso, háblale y conviértelo en un aliado.

21.- **El miedo es un indicador de éxito:** Cuanto más cerca estás de un gran avance, más fuerte se vuelve el miedo. Si te sientes abrumado por él significa que estás cerca de tu meta, así que no te detengas. Respira y sigue brillando.

22.- **El miedo es energía:** El miedo puede transformarse en cualquier emoción positiva. La energía detrás del miedo es tu propia energía, y solo tú puedes cambiarla y dirigirla hacia donde desees. Dirígela cambiando tus pensamientos. Por ejemplo: en vez de pensar "¿y si pierdo?", piensa "¿y si gano?".

El miedo no es solo una emoción negativa: es una parte compleja y fascinante de la experiencia humana. Puede ser un amigo o un enemigo según la relación que tengamos con él. Aprendamos a usarlo como una fuerza creativa e inspiradora que nos impulsa hacia adelante, en lugar de dejarnos atrapados.

Hijos del Miedo

El miedo suele considerarse el núcleo o la raíz de muchas emociones negativas. Actúa como una respuesta fundamental ante amenazas, peligros o incertidumbres, y a partir de esta emoción primaria pueden surgir muchas otras emociones negativas. Así es como el miedo puede dar origen a emociones como la ira, el odio, la tristeza y más:

Ira

Conexión con el miedo:

La ira suele ser una respuesta al miedo. Cuando nos sentimos amenazados o vulnerables, el miedo puede activar la ira como un mecanismo de defensa. La ira nos da una sensación de poder y control en situaciones donde el miedo podría hacernos sentir indefensos. Por ejemplo, si alguien se siente amenazado por un insulto o una injusticia, su miedo inicial a resultar herido o perder algo puede convertirse rápidamente en ira como forma de defenderse y protegerse.

- **Expresión:**
  La ira suele manifestarse como frustración, rabia u hostilidad, dirigida hacia uno mismo o hacia otros.

Odio

Conexión con el miedo:
El odio a menudo tiene sus raíces en el miedo, especialmente en el miedo a lo desconocido, al "otro" o a ser herido. Cuando el miedo no se aborda, puede crecer y transformarse en odio, especialmente cuando se dirige hacia personas, grupos o ideas percibidas como una amenaza. Esta emoción puede volverse profunda y duradera, dando lugar a comportamientos o actitudes extremas.

- Expresión:
  El odio puede expresarse mediante desprecio, intolerancia o aversión intensa, lo cual puede conducir a la discriminación o la violencia.

Tristeza
La tristeza puede surgir del miedo a la pérdida, al rechazo o al fracaso. Cuando tememos perder algo o a alguien importante, la tristeza aparece como una respuesta natural a esos pensamientos.
El miedo a la soledad, al abandono o a expectativas no cumplidas también puede generar tristeza prolongada o depresión.

- Expresión:
  La tristeza se manifiesta como sentimientos de pena, dolor o melancolía, y suele provocar retraimiento o sensación de desesperanza.

Culpa
La culpa está vinculada al miedo de haber hecho algo mal o de no cumplir con las expectativas propias o ajenas. Surge del miedo al fracaso moral, al juicio o a las consecuencias de nuestras acciones.
El miedo a "no ser suficiente" o a dañar a otros puede generar una culpa abrumadora.

- Expresión:
  La culpa se expresa mediante la autoacusación, el arrepentimiento y un deseo de reparar el daño, a veces evolucionando hacia la vergüenza.

Celos
Los celos están impulsados por el miedo a perder algo valioso, como una relación, un estatus o afecto.
Es el miedo de que alguien más pueda arrebatarnos lo que consideramos nuestro, ya sea amor, atención o éxito.
Este miedo genera inseguridad y desconfianza.

- Expresión:
  Los celos se manifiestan como sospecha, envidia o posesividad, a menudo generando conflictos en las relaciones.

Vergüenza
La vergüenza está profundamente ligada al miedo de ser expuesto como defectuoso, inadecuado o indigno.
Es el miedo a ser visto de forma negativa por los demás, lo que provoca sentimientos de deshonra o humillación.
El miedo al rechazo o a la desaprobación está en el centro de la vergüenza.

- Expresión:
  La vergüenza lleva al retraimiento, al silencio y al deseo de esconderse o desaparecer, a veces acompañado de auto-desprecio.

Envidia
La envidia proviene del miedo a no estar a la altura, a quedar atrás o a ser ignorado.
Es el miedo a que otros tengan lo que nosotros sentimos que nos falta, ya sea éxito, cualidades o posesiones.
La envidia está impulsada por el miedo a la inferioridad.

- Expresión:
  La envidia se expresa mediante resentimiento, deseo de lo ajeno o rencor hacia quienes poseen lo que deseamos.

Desesperación
La desesperación es el resultado de un miedo que ha evolucionado hacia la desesperanza.
Cuando el miedo nos sobrepasa y no vemos salida a una situación difícil, surge la desesperación.
Es el miedo de que nada cambiará o mejorará jamás.

- Expresión:
  La desesperación se manifiesta como tristeza profunda, falta de esperanza y pérdida de motivación o voluntad para continuar.

Otros derivados psicosomáticos comunes del miedo

1. **Ansiedad:** Un estado de inquietud o preocupación, a menudo relacionado con resultados inciertos o eventos futuros.

2. **Pánico:** Un miedo intenso y abrumador que puede generar una pérdida repentina de control o una reacción desesperada.

3. **Preocupación:** Inquietud persistente sobre posibles peligros o problemas.

4. **Inseguridad:** Una sensación de insuficiencia o incertidumbre, generalmente vinculada al miedo al juicio o al fracaso.

5. **Aprehensión:** Miedo leve o anticipación de algo desagradable o amenazante.

6. **Angustia anticipatoria:** Un sentimiento intenso de miedo o presentimiento sobre algo que probablemente ocurrirá.

7. **Terror:** Miedo extremo y paralizante, acompañado a menudo de una sensación de peligro inminente.

8. **Nerviosismo:** Estado de tensión o incomodidad, especialmente en situaciones sociales o de desempeño.

9. **Fobia:** Miedo irracional e intenso hacia un objeto, situación o actividad específica.

10. **Timidez:** Falta de confianza o retraimiento, generalmente originada en el miedo al rechazo o a la desaprobación.

11. **Impotencia:** Sensación de ser incapaz de cambiar una situación, con frecuencia ligada al miedo al fracaso o a la falta de control.

12. **Abrumamiento:** Sensación de estar completamente sobrepasado o incapaz de afrontar las demandas, impulsada por el miedo a no poder gestionar la situación. Esta condición surge del miedo a que nadie sea lo suficientemente confiable.

13. **Sospecha:** Desconfianza o escepticismo, que suele nacer del miedo a la traición o al engaño.

14. **Alarma:** Toma de conciencia repentina del peligro, que provoca una reacción rápida basada en el miedo, como la respuesta de lucha o huida.

15. **Evitación:** Patrón de conducta en el cual se evitan situaciones o personas que generan incomodidad y miedo.

Estas emociones derivadas pueden ser complejas y superponerse entre sí, pero todas tienen su origen en la emoción fundamental del **miedo**.

Manipulación y control

El miedo, en sus muchas formas, es utilizado con frecuencia por quienes buscan manipularnos y controlarnos a nivel psico–somático e inconsciente. Cuando se activa, las emociones basadas en el miedo pueden surgir con fuerza, impulsando reacciones que dañan nuestra salud mental y física, nuestra estabilidad financiera y nuestras relaciones. Incluso el mercado de valores está influido por el miedo a la pérdida y la codicia —ambas raíces del miedo.

Cuando estamos atrapados en un estado de lucha o huida (*fight-or-flight*), toda nuestra energía y atención se consumen en sobrevivir, dejando sin espacio la manifestación de lo que realmente deseamos. En este estado permanecemos colectivamente atrapados, funcionando como ganado domesticado.

Para desbloquear nuestro potencial superior como creadores divinos de nuestra propia realidad, debemos aprender a utilizar la energía del miedo y transformarla en una fuerza creativa.
El camino hacia la libertad comienza sanando las viejas heridas mediante la identificación de las creencias basadas en el miedo que hemos formado sobre nosotros mismos y sobre el mundo. Al reconocer y admitir estas creencias negativas, obtenemos el poder de cambiarlas y sanar por completo.

Nuestras emociones funcionan como guías hacia las creencias y acuerdos que hemos cargado desde la infancia. Al escucharlas, podemos descubrir la programación oculta que nos ha controlado y emprender el camino hacia la verdadera libertad.

Efectos físicos y metafísicos del Miedo

Nivel sub atómico

Como todo en el universo, existimos simultáneamente en múltiples niveles de realidad. En frecuencias más altas, somos vibración pura: cada uno de nosotros es una nota única en la gran sinfonía de la creación. A escala atómica y subatómica, existimos como patrones intrincados de energía. En una forma más densa, esa misma conciencia fundamental toma forma como nuestros cuerpos físicos —compuestos de moléculas, células, tejidos y órganos—, cada uno siendo una expresión de la misma esencia subyacente manifestada de formas diferentes.

En la raíz de todo, cada uno de nosotros vibra como un color único de frecuencia, emanando directamente de la fuente universal de la Unidad. Hay muchas teorías que respaldan la idea de un origen unificado, incluyendo la Teoría Cuántica de Campos (QFT), la Teoría del Campo Unificado, la Teoría de Cuerdas y el Principio Holográfico. Las investigaciones de Nassim Haramein sobre la estructura del vacío cuántico y el campo unificado de energía también apuntan a un universo profundamente interconectado.
El universo opera como un único campo energético unificado, donde todas las cosas están intrínsecamente conectadas y surgen del mismo potencial infinito.

El miedo, muchas veces enraizado en la sensación de separación o carencia, se disuelve cuando nos alineamos con esta verdad mayor de unidad y abundancia infinita. Al reconocernos como parte de este campo consciente y creativo, podemos pasar del miedo constrictivo a la expansión del amor.

El miedo es una distorsión de la percepción, y al abrazar la unidad y la energía infinita del universo, podemos reformular nuestra relación con él, utilizándolo como un camino de regreso al amor y al poder creativo. Este cambio transforma no solo nuestro estado emocional, sino también nuestra realidad física y energética.

Nivel del ADN

Nuestros pensamientos generan emociones, y las emociones generan hormonas y otros químicos que interactúan directamente con las células de nuestro cuerpo, las cuales están equipadas con receptores para recibir estas señales. Cuando experimentamos miedo, nuestro cuerpo libera adrenalina, noradrenalina y cortisol, activando la respuesta de "lucha o huida". La exposición crónica a las hormonas del estrés, especialmente al cortisol, puede provocar metilación del ADN y cambios en la expresión génica, lo que potencialmente impacta el sistema inmunológico, la inflamación e incluso el envejecimiento.

Aunque estos cambios no alteran la secuencia del ADN en sí, pueden encender o apagar genes, influyendo en la salud a largo plazo, la regulación emocional e incluso en la transmisión de patrones relacionados con el estrés a futuras generaciones. Este proceso central en la ciencia de la epigenética, destaca que los genes no son fijos; su expresión está influida por señales del entorno, incluidas aquellas moldeadas por nuestra mentalidad.

El ADN actúa como un puente hacia el campo cuántico, transmitiendo y recibiendo frecuencias que conectan nuestra existencia física con un campo infinito de posibilidades. Su estructura en espiral funciona como un vórtice, enlazando las dimensiones material y no material.
Las vibraciones de baja frecuencia, como las generadas por el miedo, la vergüenza o el auto-rechazo, se propagan a través del campo cuántico, creando tu realidad personal. Por lo tanto, estamos moldeando activamente tanto nuestro mundo interior como la realidad externa a través de nuestros propios pensamientos.

Nuestro estado emocional se convierte en un imán, atrayendo vibraciones que reflejan nuestro mundo interno, tal como lo describe la Ley de la Atracción. Los pensamientos arraigados en el miedo, la ira o la soledad atraen circunstancias que validan esos temores, mientras que los pensamientos de amor, alegría y abundancia invitan a una realidad llena de bendiciones. El mundo que nos rodea actúa como un espejo, reflejando siempre las creencias que sostenemos. Si ves el mundo como solitario y peligroso, confirmará esa percepción. Si crees que el mundo está lleno de amigos, aventura y abundancia, reflejará esa verdad en cambio.

Tú eres el creador de tu realidad, y puedes ser el único factor decisivo. Cuando digo "tú", no me refiero solo a tu mente de supervivencia, sino a tu mente del Alma y a ti como un ser Infinito. Si estás listo para asumir plena responsabilidad por tu vida y abrazar tu rol como el arquitecto de tu destino, bienvenido al nivel 4 de este juego que llamamos vida. Para subir de nivel, debes vencer al Gran Jefe llamado "Miedo".

Nivel Celular

El miedo nos afecta a nivel celular, creando un entorno altamente ácido en el cuerpo. Las investigaciones muestran que las células cancerígenas prosperan en la acidez, la cual puede resultar no solo de toxinas bioquímicas, sino también del estrés mental y emocional. Para funcionar de manera óptima, nuestras células requieren un entorno alcalino equilibrado, ya que producen ácido de forma natural como subproducto de su actividad. Sin embargo, cuando la acidez abruma al cuerpo, este equilibrio se altera, dando lugar a diversos problemas de salud.

En modo supervivencia, el enfoque principal del cuerpo se desplaza a mantener un estado alcalino solo para mantener las células con vida, lo que vuelve mucho más difíciles los procesos de sanación y reparación de tejidos.

En su libro *La biología de la creencia*, Bruce Lipton revela cómo nuestras células responden directamente a las señales bioquímicas creadas por nuestros pensamientos, creencias y emociones. Explica que la membrana celular actúa como el cerebro de la célula, procesando las señales del entorno y activando respuestas genéticas. Las investigaciones de Lipton muestran que cuando estamos en un estado de estrés o miedo, nuestro cuerpo produce hormonas como el cortisol, que llevan a las células a un modo de protección, deteniendo el crecimiento y los procesos de sanación.

Las investigaciones también sugieren que los pensamientos negativos pueden contrarrestar incluso los beneficios de una alimentación saludable. Por eso la preocupación crónica puede enfermarnos. Emociones de baja frecuencia como la vergüenza, la envidia, la desesperanza y la preocupación producen químicos que acidifican el cuerpo y lo sacan de equilibrio, mientras que emociones de alta frecuencia como el amor, la alegría y la gratitud crean un entorno alcalino.

Los pensamientos y emociones positivas generan un entorno bioquímico que favorece el crecimiento y la reparación celular. Al cultivar un estado interior positivo —independientemente de las circunstancias externas— podemos apoyar una expresión genética saludable, mejorando el bienestar general y la vitalidad. Esta profunda conexión entre mente y cuerpo nos empodera para tomar control de nuestra salud y mantener conscientemente la vitalidad a cualquier edad.

Si estás constantemente estresado por las noticias, las preocupaciones financieras, los desafíos personales u otros factores estresantes, tu cuerpo permanece en modo supervivencia, lo que dificulta el acceso a la neuroplasticidad necesaria para reprogramar la mente de supervivencia. Elevar tus pensamientos y emociones a frecuencias más altas es clave para restaurar el equilibrio y permitir que ocurra una sanación verdadera.

Entra en la Nueva Tierra

Estamos viviendo un tiempo de cambio curcial ingresando a la Era de Acuario. A medida que nuestro planeta se transforma y despertamos colectivamente a la sabiduría del corazón, los viejos paradigmas deben disolverse. La mentalidad basada en el miedo que alguna vez gobernó a la humanidad está dando paso a otra, arraigada en vibraciones más elevadas de amor, cooperación y servicio a los demás. Este es el único camino para ingresar a la existencia positiva de cuarta densidad: la Nueva Tierra.
La cuarta densidad representa un nivel superior de conciencia alineado con el Chakra Corazón, el centro energético del amor y la conexión. Cuando tu corazón se abre a los demás en compasión y amor incondicional, atraviesas la puerta hacia esta nueva dimensión. El planeta Tierra es una entidad consciente que está evolucionando y volviéndose ahora autoconsciente junto con la humanidad. De hecho, me parece que somos los pensamientos de este planeta. El planeta está liberando antiguos acuerdos, energía kármica y patrones basados en la supervivencia, reformándose en algo completamente nuevo. ¿Te alinearás con esta transformación? La elección es tuya.

Los bloques fundamentales originales del reino físico son la energía de amor-luz del Único Creador Infinito. Puedes conectar con esta fuente divina sintiendo el amor en tu corazón. Tu amor tiene el poder de trascender el miedo, el dolor, el sufrimiento e incluso la guerra, no solo para ti, sino para todos en tu realidad colectiva.

Los tres caminos

En este momento, es esencial tomar una decisión consciente sobre tu camino en la vida. Existen tres caminos principales que puedes elegir:

1. El Servicio a otros

Este camino abraza el amor incondicional y la comprensión de que todos somos Uno. Desde esta perspectiva, servir a los demás es, en esencia, servirte a ti mismo, ya que los otros son tus "otros yo". La frase "Ama a tu prójimo como a ti mismo" encierra una verdad profunda: tu prójimo eres tú en otro cuerpo, expresándose de una manera diferente, con una perspectiva y un ego distintos.

En realidad, es solo el ego —la personalidad— el que crea la ilusión de separación. La mente egóica nos brinda la experiencia de una individualidad única, permitiendo que la Unidad se observe a sí misma desde innumerables perspectivas, todas igualmente válidas y verdaderas. Así es como la Unidad se conoce a sí misma: siendo testigo de sus infinitas expresiones.

Cuando trascendemos la mente del ego, dejamos de juzgar a los demás y, en su lugar, apreciamos los diversos reflejos que recibimos unos de otros. De forma natural, nos apoyamos mutuamente actuando como espejos, revelando patrones inconscientes y ayudándonos a reconocer y transformar creencias negativas profundamente arraigadas.

Nota aparte: ego y corazón

//La mente del ego está representada por el Tercer chakra (Manipura), regido por el Sol, que simboliza nuestra individualidad. Corresponde a la Tercera densidad de conciencia, el complejo social humano. Al purificar la mente del ego de creencias autodestructivas, allanamos el camino hacia la Cuarta densidad de conciencia: el Cuarto chakra, el Centro del Corazón, que encarna el amor incondicional, la armonía, la belleza, la compasión y la conexión.
El planeta que corresponde al Chakra Corazón (Anahata) es Venus.
Puedes aprender más sobre los chakras en mi libro *Chakras y Kundalini.//*
Todas las religiones del mundo, en su esencia original, contenían el mensaje de la unidad y el servicio a los demás. Por ejemplo, el mensaje último del cristianismo no es simplemente ser un seguidor de Cristo, sino reconocer que tú eres el Cristo: lo Divino, que contiene todo y a todos dentro de sí. Desde este estado de plenitud —en el que no se necesita nada— el servicio a los demás surge de manera natural como un acto de amor, encarnando el amor mismo.
Jesús ejemplificó este camino que es de naturaleza infinita y conduce a la expansión hacia la unidad y a una conciencia superior del Corazón.

.

2. Servicio a uno mismo

Este camino está centrado en la búsqueda de poder, fama y riqueza —a menudo a expensas de otros— a través de la manipulación y el control. Es un camino de competencia y dominación, arraigado en la creencia de que el individuo carece de recursos, energía y poder, y que por lo tanto debe arrebatárselos a otros o buscarlos en una fuente externa más poderosa, generalmente bajo un costo. Ese precio puede adoptar la forma de obediencia, sumisión o la renuncia al libre albedrío, ofrecidas a cambio de un éxito, seguridad o influencia percibidos.

En su forma más extrema, este camino implica la invocación consciente de fuerzas oscuras mediante rituales, pero también puede manifestarse de maneras más sutiles como el engaño, la coerción y el control sistémico. El miedo es la principal herramienta utilizada para manipular y "cosechar" el libre albedrío, haciendo que los seres humanos crean que son débiles, indignos y que necesitan de alguna autoridad con mayor poder para ser salvados. Este camino ha sido impuesto a la humanidad durante miles de años a través de gobiernos, religiones centralizadas y estructuras sociales diseñadas para dominar y controlar.

Este camino no implica la apertura del centro del corazón, sino que se apoya en las distorsiones de la mente del ego (tercer chakra) y en el poder personal del quinto chakra, llevando a la persona a operar sin amor ni compasión por los demás.
Este camino alcanza su punto máximo y se disuelve en la transición entre la quinta y la sexta densidad de conciencia, ya que el alma no puede avanzar más allá de este punto sin reconocer su unidad inherente con toda la existencia.

Para regresar a la Fuente, el corazón debe abrirse, permitiendo que el amor incondicional fluya libremente. Por esta razón, el camino negativo termina en el quinto chakra, también conocido como la quinta densidad negativa. Pocas almas eligen este camino porque es duro, exigente, basado en la mentira y en el miedo. Muchos de los llamados "élites" lo han escogido, buscando dominación y control inmediatos. Sin embargo, este camino es tan válido como cualquier otro y es simplemente la forma que algunas almas han elegido para aprender. No es ni bueno ni malo: es solo una de las muchas experiencias disponibles para la evolución del alma. El libre albedrío es sagrado y cada individuo tiene el derecho de seguir el camino que elija.

3. El sendero de la Confusión

Muchas personas siguen sin ser conscientes de que, para avanzar en su evolución durante este tiempo de cambio global, deben tomar una decisión consciente sobre su camino. Evitar esta decisión y prolongar su adormecimiento espiritual es, en sí mismo, una elección—aunque a menudo inconsciente.

Quienes permanecen inconscientes suelen caer bajo la influencia de individuos que siguen el camino del **Servicio a Sí Mismos**, siendo manipulados a través del miedo y de creencias basadas en la escasez. El miedo—en particular el miedo a la carencia y a la muerte—es la herramienta más poderosa utilizada para controlar a quienes no están despiertos.

Por esta razón, trascender el miedo y despertar tu poder es esencial. Solo cuando el miedo se libera puede alcanzarse la verdadera libertad. Nadie puede manipularte cuando reconoces que ya lo tienes todo, que estás infinitamente conectado y que nunca puedes perder verdaderamente a nadie ni nada—porque tú eres el Creador.

Permanecer en la ignorancia sigue siendo una elección. Algunas almas desean vivir más experiencias en la tercera densidad de confusión antes de avanzar. Sin embargo, a medida que la Tierra transita hacia la cuarta densidad—activando su centro del corazón—estas almas continuarán su evolución en otros lugares, en otros mundos de tercera densidad.

Conclusión

Escucha la voz de tu Alma sintonizando con tu corazón y preguntándote qué camino te entusiasma más. Una vez que tomes tu decisión, los detalles se alinearán de forma natural como piezas de un rompecabezas. Confía en el proceso del viaje: tu alma ya conoce el camino.

Una infancia en la Matrix

Recordando que la vida es un sueño de tu Alma...
En este sueño, el miedo es tan ilusorio como todo lo que nos rodea—
una ilusión creada por la mente.
Cuando despertamos a esta verdad, el miedo pierde su poder.
Ya no puede detenernos de seguir al Alma—
guiados por el corazón, por la inspiración, por el entusiasmo.

El Alma —el Niño/a Interior puro e inocente—
a veces olvida su verdadera luz
y se pierde en la Matrix de la Mente,
creyendo que el miedo, el sufrimiento, la separación...
todos los hilos que tejen el entramado del viaje de la vida,
son reales.

En lo profundo de la mente de supervivencia
cargamos agendas ocultas—
aún buscando amor, validación,
como si fueran algo escaso.
Pero el amor no es escaso.
Es infinito—
una corriente inagotable,
siempre presente cuando soltamos el miedo a la carencia.
La Mente nos ata a la Matrix de las ilusiones,
nos retiene, nos impide atravesar el velo,
recordar quiénes somos en verdad—
hasta que, finalmente,
nos cansamos de las limitaciones
y elegimos trascender el miedo,
dar un paso valiente hacia lo desconocido.

Tu Alma te espera allí... con todo su poder divino.
En la meditación profunda, más allá de la razón, más allá del pensamiento,
puedes reconectar
con la inocencia de tu Alma infinita.
Atrévete a soñar de nuevo—
los sueños mágicos
de tu Niño/a Interior.

Transformaciones

El Miedo se convierte en Amor

Yo: Estoy ansioso. Estoy nervioso. Me muerdo las uñas. Tengo espasmos.
Siempre está ahí, en mi cuerpo, una tensión de fondo a la que me acostumbré y llamé "normal".
A veces es muy tenue, otras, me consume.
Sobrepienso.

Cuando toma el control de mi mente,
me deprimo y mi mundo se vuelve gris.
Ansiedad.
Surge desde lo más profundo de mi ser,
desencadenada por la cosa más pequeña
o sin razón alguna.

A veces una palabra, un aroma, una mirada la intensifican...
Siento cómo gobierna sutilmente mi vida.
No puedo luchar contra ella—
una maldición escurridiza que no puedo rastrear.

Es demasiado poderosa, y sin embargo invisible.
Se esconde en mis sombras.
Me siento indefenso.

Intento suprimirla distrayéndome con
todo lo que se me ocurre:
intento taparla con comida.
La adormezco con vino.

Deslizo la pantalla de las redes sociales.
Miro una serie divertida...
Nada funciona.
Siempre está ahí, acechando en lo profundo de mí—
la tensión constante,
el miedo al pasado, al presente y al futuro.

Surge desde las profundidades de mi mente,
regresando con más fuerza cada vez que la empujo lejos.
Viene hacia mí desde mi propio corazón.
¿Arranco mi corazón?
¿Adormezco mi cerebro?
¿Qué hago para detener estos ataques silenciosos?
Me siento como una víctima indefensa de mi propio miedo.
¿Quién eres tú, Miedo?
¿De dónde vienes?
Cuanto más te siento, más comprendo:
Miedo, tú no eres yo. Tú estás en mí.
Te siento, Miedo.
¡Muéstrate!
Hablemos.

Miedo: Casi me sorprende.
¿He estado tocando lo suficientemente fuerte?
¿Por fin me escuchaste y estás listo para hablar?

Yo: Miedo, tenía miedo de hablar contigo.
No sabía que fuera posible.
Pensé que era yo mismo,
atacándome a mí mismo, teniendo miedo de mí.
Pero tú eres distinto de mí,
y sin embargo estamos juntos.

Hmm... en fin—
siempre quise preguntarte:
Miedo, ¿de qué tienes miedo?

Ahora te escucho,
muy atentamente—
como escucho a mi mejor amigo.
Como escucho a un maestro sabio, con profundo respeto.
Como escucho a un niño que llora pidiendo ayuda.

Miedo: Ahora que escuchas, puedes oírme.
Siempre te diré la verdad.
Necesito ser escuchado—
soy tu niño interior, llorando por ayuda.

Esto es a lo que le tengo miedo:
Tengo miedo de no ser suficiente...
de no ser suficiente...
para ser amado.
para ser amor.
De no merecer
ni siquiera existir.
Ese es mi mayor miedo.
¿Cuál es mi propósito?

Yo: Oh... ahora lo veo.
Eso es fundamental—
las mentiras que creíste hace mucho tiempo.
Desde que eras niño,
desde que tus padres eran niños,
desde que tus abuelos eran niños...
Miedo generacional.

Aquí está la verdad:
has sido engañado.
Creíste una mentira.
La verdad es esta—
el Amor es tu esencia.
¡Estás hecho de amor!

¿Cómo podrías no ser digno de algo
de lo que estás hecho?
Existes, y eso es suficiente...
suficiente para ser amado.
El propósito de tu existencia
es la existencia misma.

Cada una de tus experiencias es infinitamente valiosa,
porque el Creador aprende de Ti, como Tú,
gracias a Ti.

Sin ti, esta Creación no existiría.
Eres infinitamente importante,
amado incondicionalmente.
Eres tan amado
que se te concede la libertad
de creer que no eres amado—
solo para experimentar la ausencia del Amor,
y así redescubrir lo que el Amor es
desde una perspectiva completamente nueva.

Desde la perspectiva del Alma,
eres una parte del Único Creador Infinito,
el propio Creador Infinito.
Sin ti, la creación misma estaría incompleta.
Dime ahora, ¿lo ves?
¿Eres digno simplemente por ser?

Miedo: Sí, lo soy.
Al conocer la verdad,
me estoy transformando en algo muy distinto.
La verdad me remodela, me libera.
Brillo, ligero y puro.
Mi corazón se despliega, y en mi una sonrisa radiante.
Esta sensación...
¿podría ser Amor?

La Tristeza se convierte en Felicidad

Lisa se sentía muy, muy triste.
Tan triste que quería llorar.
Tan triste que realmente empezó a llorar.
Tan miserable que no pudo dejar de llorar durante una hora.
Pensó que tal vez estaba triste porque su hermano mayor se metía con ella...

O tal vez porque no había conseguido lo que quería desde el principio...
O quizá porque pensaba que a nadie le importaba...
O tal vez porque creía que su amiga tenía un vestido mejor, una casa mejor, una mamá mejor, una vida mejor...
También pensó que estaba triste porque las otras niñas eran tan bonitas, y ella no era tan bonita...
Pensó tantas cosas tristes que su tristeza se fue haciendo cada vez más grande.

Se sentía tan mal, tan pesada, completamente opuesta a la felicidad, que Lisa ya no quería sentirse así.
Ya había olvidado qué estaba pensando exactamente cuando la tristeza se volvió tan fuerte.
Ahora, lo único que quería era que la tristeza se detuviera y se fuera.
Pero no sabía cómo hacerla desaparecer.
¿Tal vez si veo dibujos animados me sentiré mejor?
Pero los dibujos animados solo la hicieron sentir mejor por un ratito, y luego la tristeza volvió.

¿Tal vez si como un rico helado?
Pero después de un tarro entero, se sintió aún peor
y le dolía la guatita.
¿Qué puedo hacer para que esto se detenga?
¿Tal vez pueda hablar con mi tristeza
y preguntarle por qué se siente tan triste?
—Tristeza, ¿quién eres? —preguntó Lisa.

Y entonces, la vio.
La Tristeza se veía así:
Se veía tan triste
que Lisa se sintió muy triste
por la Tristeza.
—¿Eres tú mi Tristeza? —preguntó Lisa.
—Sí —respondió la Tristeza con un suspiro profundo.

Lisa: Aww... ¿tal vez puedo ayudarte a sentirte mejor?
Tristeza, ¿por qué estás triste?

Tristeza: Porque nadie me ama.

Lisa: Ohhh... por eso estás tan triste. ¡No tenía idea!
Yo pensaba que era por todas esas otras cosas...
las cosas que yo pensaba.
¿Es verdad que nadie te ama?
¡No, no, no es verdad! —exclamó Lisa—.
¡Yo te amo!
¡Sí, te amo!
Y si yo te amo, entonces eres digna de amor.
Porque todos pueden ser amados,
incluyéndote a ti.

Con esas palabras, Lisa abrazó a su Tristeza
con un abrazo grande,
muy grande.
Sintió tanto Amor en su corazón.
Y entonces vio algo asombroso:
La Tristeza se transformó ante sus ojos,
floreciendo en colores vibrantes,
como una mariposa bañada en luz dorada.

La niebla espesa comenzó a desvanecerse,
disolviéndose en el abrazo del amor.
Un río de luz suave y brillante
pintó su corazón con una gracia radiante.
El valle interior, antes frío y gris,
ahora danza con arcoíris, deseoso de jugar.

Lisa: Tristeza… ¿cómo te llamas ahora?

¡Yo soy Felicidad!

La Resistencia se convierte en Libertad y Conexión

Yo:
Mi mayor miedo es perder mi libertad.
Cuando me dicen cómo hacerlo,
hago lo contrario.
Cuando me dicen qué hacer,
no lo hago en absoluto.
Cuando alguien me quiere demasiado,
quiero salir corriendo.
Cuando alguien quiere estar cerca,
yo creo distancia.

No quiero sentirme atrapado.
Odio que me controlen.
Me rebelo, resisto, desafío
toda regla, toda estructura.
Lucho por mi libertad
porque si no lo hago,
la perderé.

Y cuando pierda mi libertad,
nunca seré feliz.

Eso es lo que creo.
Y al mismo tiempo...
me estoy cansando de luchar
y de huir de quienes
más me aman.

Quiero estar cerca de alguien
y confiarle completamente
mi libertad.
Muy dentro de mí, me siento solo.
Anhelo conexión,
pertenencia.

Resistencia, te veo y siento curiosidad—
¿qué es lo que estás resistiendo tanto?

Resistencia:
Si dependo de alguien,
podrían traicionarme, como antes.
Si bajo la guardia y permito
una conexión profunda e íntima,
quedaré atrapada, controlada,
como un pájaro en una jaula.

Me obligarán a hacer cosas
que no quiero hacer.
Tengo miedo de confiar.
Se siente más seguro mantener distancia.

Yo:
Te escucho. Es una narrativa interesante.
El mundo es tu espejo; en su reflejo
siempre verás lo que crees.
Una historia que inventaste
para sobrevivir.

Pero para mí, esta historia
ya no se siente bien.
El aislamiento se siente seguro, pero
me priva de amor y felicidad.

Solo como un experimento,
creemos una historia diferente.

Escucha esto:
Es imposible perder la Libertad, porque
el Libre Albedrío es la primera
y fundamental Ley Universal de la Creación.
Eres tan libre que incluso puedes elegir
creer que puedes ser
esclavizada, atrapada u obligada
en contra de tu voluntad.

Y si eso ocurre, es porque muy dentro de ti
aceptaste esa creencia.
Así que cuidado con las manipulaciones de otros
basadas en el miedo y la codicia.
Cuidado con las trampas del adoctrinamiento
y con la atracción de la programación social.
Una mentira creída en la infancia
puede moldear tus creencias por mucho tiempo.

Al aceptarla, le permites echar raíces a
un sistema de pensamiento que moldea en silencio.
Pero detente y reflexiona, libera tu mente,
quédate solo con creencias que te traigan paz.
Puedes elegir confiar o dudar;
la libertad es un regalo sin el cual no se vive.
Eres libre de creer que estás encadenada,

pero es solo un pensamiento el que causa el dolor.
¿Qué hay que luchar o resistir,
sino la mentira de que la libertad no existe?
Nadie puede quitártela, es tuya para siempre,
a menos que aceptes entregarla.
¿Qué hay que resistir, amiga mía,
sino creencias que dicen que el mundo no puede cambiar?

Elige el camino que haga cantar a tu corazón,
no el que lo deje temblando.
Sigue al amor, suelta el miedo,
crea tu alegría; el camino es claro.
Enfócate en lo que enciende tu fuego
y deja que el entusiasmo te eleve.

Sigue al amor, no al miedo.
Crea lo que deseas
poniendo tu atención en ello,
entusiasmándote con ello.
Cuando resistes lo que no quieres,
le das tu energía y lo haces crecer.
Si quieres libertad,
siéntete libre en tu corazón.

Resistencia:
Ok, lo entiendo.
¿Y qué hay de mi soledad?
¿Por qué me siento sola?

Yo:
Recuerda: tu mundo es tu espejo.
Siempre verás el reflejo
de tus propios pensamientos
en las personas más cercanas a ti.
Ellas están a tu servicio,
así como tú lo estás para ellas.

Todos estamos completamente conectados.
La separación es una ilusión del Ego.
La soledad es otra experiencia valiosa—
nos enseña sobre su opuesto:
la conexión.

En el mundo de la dualidad,
los opuestos siempre vienen en pares.
La verdad es que todos somos Uno.
Abre los brazos y abrázalos a todos
con tu corazón.
No necesitas valentía
cuando amas,
porque en el amor verdadero e incondicional
no hay nada que temer.
Y recuerda esto:
ellos también te aman de verdad—
como partes inseparables de Dios,
atraídos unos a otros
por el amor magnético
de la Unidad Primordial.

Resistencia:
Todo se ve mucho mejor
desde esa perspectiva más elevada—
más claro, más liviano, infinito, libre.

Yo:
Sí. Sube a una montaña alta de vez en cuando.
La vista desde arriba es impresionante...
Y bueno, Resistencia,
¿cómo te sientes ahora?

Resistencia:
¡Me siento libre!
Confío en mí. Sé lo que quiero.
Soy uno con todos.
Soy libre de ser Yo.
Libertad. Confianza. Conexión. Sostén.

Yo soy Libertad

Apego Evitativo

El trauma infantil que hay detrás del deseo de ser independiente mientras se teme la pérdida de libertad y la sensación de sentirse atrapado en relaciones cercanas suele originarse en experiencias en las que la autonomía o el espacio personal fueron restringidos. Algunas posibles raíces son las siguientes:

1. **Crianza excesivamente controladora o sobreprotectora:**
   Si durante la infancia tus padres o cuidadores fueron demasiado controladores, limitando tus elecciones o tu independencia, es posible que hayas interiorizado un miedo a ser restringido o encerrado. Esto puede manifestarse como una necesidad intensa de independencia y un temor a las relaciones cercanas e íntimas, en las que sientes que tu libertad podría verse nuevamente comprometida.

2. **Límites inconsistentes:**
   Si los cuidadores eran impredecibles al establecer reglas o límites —a veces asfixiantes, otras veces negligentes—, esto puede generar desconfianza hacia la cercanía emocional. Podrías temer que acercarte demasiado a alguien te lleve a sentirte atrapado o abrumado, tal como pudo ocurrir en tu infancia.

3. **Miedo a la dependencia emocional:**
   Si experimentaste falta de apoyo emocional o te enseñaron a ser autosuficiente desde una edad temprana, es posible que hayas desarrollado un mecanismo de defensa en el que depender de otros se siente inseguro. Las relaciones cercanas pueden activar sentimientos de vulnerabilidad, dando lugar al miedo a perder el control sobre tu autonomía.

4. Problemas de abandono:
Si viviste experiencias de abandono o negligencia emocional, el miedo a perder la libertad puede ser una respuesta para protegerte de ser abandonado nuevamente. Podrías sentir que, al mantener tu independencia, te estás resguardando frente a un posible abandono o traición en las relaciones.
Estas experiencias pueden dar lugar a un conflicto interno: el deseo de conexión frente al miedo a perderte a ti mismo o a tu libertad dentro de una relación.

La sanación suele implicar explorar estos patrones tempranos y aprender a confiar en que la cercanía no necesariamente significa perder la independencia.

El Enojo se convierte en Paz

Me siento enojado.
Con ellos, por faltarme el respeto.
Conmigo mismo, por permitirlo.
Estoy enojado porque no es justo.
Son crueles conmigo,
se meten conmigo,
me molestan,
se burlan de mí.
Les devuelvo el golpe,
quiero golpearlos,
castigarlos.

Pero no me está permitido...
Y entonces me lo guardo por dentro.
Vuelvo mi enojo contra mí,
y ardo en odio y resentimiento.
Mi cuerpo se vuelve enojo.
No me gusta esta sensación,
así que aprendo a no sentirla.
Pero aparece de maneras extrañas:
Me hiero
Me corto
Me perforo
Aunque sea por accidente
Destruyo este mundo al destruirme a mí.

Me destruyo porque
no soy una mala persona.
No quiero herir a la gente,
aunque sean poco amables,
crueles, maliciosos y estúpidos.
Enojo, estoy cansado de que me hieran.
Estoy cansado del odio.
Me drena,
me quema profundamente.
¿Cómo puedo ser libre de ti?
Enojo, hablemos.
Dime, ¿de qué estás realmente enojado?

Enojo:
Estoy enojado porque me faltan el respeto. No me escuchan. Me ignoran, me invalidan, me descartan.

Yo:
Enojo, por favor perdónalos.
No saben lo que hacen.
Y si lo saben, aun así perdónalos.
¿Puedes perdonarlos?

Enojo:
Sí. Pero nunca olvidaré lo que me hicieron.

Yo:
Está bien. No tienes que olvidar.
Solo suelta el peso para que ya no te controle.
No eres su víctima,
pero sí eres víctima de tus propias creencias sobre ti mismo.
¿Por qué elegí personas abusivas en mi vida?
¿Qué me están mostrando?

Todos son espejos de mí,
reflejos de mi propia falta de respeto hacia mí mismo.
Revelan mi autoabandono y mi autoabuso,
ecos de no amarme a mí mismo.
Mis creencias internas hechas visibles,
manifestadas como personas y circunstancias.

Creencias tan profundas, inconscientes, invisibles,
ocultas en lo más hondo de mi mente.
Pero el espejo mágico —mi mundo, tan claro—
refleja profundidades que no podía oír.
Muestra los secretos que guardan los ancestros,
recuerdos girando en lo profundo de mi ADN.

A través del mundo emergen para ser,
en forma física, ante mis ojos.
Siento el dolor, vivo una vez más,
a través de quienes amo comienza a fluir.

Tiempos distintos, pero el mismo estribillo,
las historias se repiten, una y otra vez.
Hasta que elijo romper la cadena,
escribir un nuevo relato, libre de dolor.
Lo viejo enseñó todo lo que podía enseñar,
ahora anhelo lo que está más allá de su alcance.

Estoy cansado, aburrido — esto ya no sirve más.
Lección aprendida; cierro esa puerta.
Ahora creo una película diferente,
mi historia nueva, mi destino elegido.
Ahora que veo con claridad cómo creo mi mundo,
elijo respetarme.
¿Cómo me respeto?
Me cuido.

Descanso cuando necesito descansar.
Trabajo y creo cuando estoy inspirado.
Mis límites son claros y firmes.
Sé quién soy — soy Amor.
Siento mi amor profundamente en mi corazón.
Sé lo que quiero,
y lo comunico a los demás con claridad y gracia.

Soy Poder.
La gente respeta el poder.
Siento Paz.
La paz es poder infinito.
Enojo, ¿cómo te sientes ahora?

Enojo: Veo que ya no necesito luchar.
Estoy a salvo.
Puedo descansar ahora.
No quiero hacer daño a nadie,
incluyéndome a mí mismo.
Soy visto. Soy sostenido.

El ardor se desvanece,
y en su lugar
permanece una calidez calma y constante.

Estoy en paz conmigo mismo y con el mundo.
Mi fuerza permanece —
pero ahora es suave.
Fluye como un poder silencioso,
ya no necesita rugir.
He vuelto a casa.

Yo soy Paz

Heridas de la infancia que causan Enojo/Ira:

1. **Negligencia emocional:** Crecer en un entorno donde las emociones no eran validadas ni reconocidas.

2. **Crítica dura / Vergüenza:** Juicio constante que conduce a un autoataque interno, proyectado hacia afuera como ira.

3. **Crianza autoritaria:** Experimentar control sin espacio para la autoexpresión ni la autonomía.

4. **Abandono:** Ausencia emocional o física de los cuidadores, que genera miedo al rechazo y una ira defensiva.

5. **Presenciar o experimentar abuso:** El trauma directo o el presenciar violencia crea rabia no resuelta.

6. **Ser forzado a reprimir emociones:** Escuchar "no llores", "no sientas", haciendo que las emociones se acumulen y luego exploten.

7. **Necesidades no satisfechas de seguridad y protección:** Vivir en entornos impredecibles o inestables.

8. **Parentificación:** Asumir roles adultos demasiado temprano, lo que genera resentimiento por la infancia perdida.

Por qué se forma la ira:
La ira suele ser una emoción secundaria que enmascara:
- Dolor
- Miedo
- Tristeza
- Injusticia

Es la forma que tiene el cuerpo de recuperar poder y control allí donde alguna vez te sentiste indefenso o no visto.

El camino de sanación:

Para sanar la ira, necesitas:

1. Identificar y sentir la emoción vulnerable subyacente (miedo, tristeza, dolor).
2. Cuestionar y reescribir la creencia central que causa la actitud defensiva.
3. Re-parentar al niño interior que no se sintió seguro ni valorado.
4. Aprender formas seguras de expresar necesidades y límites sin agresión.

Mi Mundo es Mi Espejo

Espejito, espejito,
¿quién es de todos el más bello?
Pero bajo el cristal habita una verdad silente,
donde una historia más antigua espera ser vista.
El espejo muestra lo que roza el rostro,
pero también revela lo oculto del corazón.
Miedos y heridas, gozo y dolor,
regresan a mí como un reino sin palabras.

Espejito, espejito, ¿puedes mostrar
las partes de mí que anhelo soltar?
Más allá de la superficie y del disfraz,
permíteme mirar en mis propios ojos.
No muestres solo lo evidente,
sino aquello que enterré por temor.
Porque en tu reflejo claro y despiadado
encuentro la fuerza para atravesar mi miedo.

Espejito, espejito,
en este día sagrado,
ayúdame a ver mi sendero glorioso.
Hoy elijo mirar más allá del dolor
y reconocer el rostro radiante de mi alma.
Sigo mirando más profundo,
instante tras instante.

La Rabia se convierte en Creatividad

Siento **Rabia**.
Un fuego tan feroz que busca consumirlo todo—
el mundo a mi alrededor, o a mí por dentro.
Castigo, me rebelo,
dejando que todo se convierta en cenizas,
haciendo estallar mi mundo, transformándolo en un desierto silencioso,
deseando que desaparezca para siempre.
La rabia arde dentro de mí,
cegadora, hirviente,
oscureciendo mi mente mientras rumia en silencio.

Yo: Rabia, te veo. Te siento. Te reconozco.
Dime, ¿qué es lo que te enfurece tanto?

Rabia: Déjame conectar conmigo mismo...
Al ir hacia adentro, lo siento—muy profundo,
tengo miedo. Y estoy triste.

Yo: ¿De qué tienes miedo?

Rabia: Tengo miedo de que las cosas no salgan a mi manera, como yo quiero que salgan. No puedo controlar nada. Soy impotente, pequeño, insignificante.
Eso me da mucho miedo.

Yo: Ya veo. ¿Qué crees que pasará si las cosas no salen como quieres?

Rabia: Me van a herir. Tengo miedo de que me hieran. Por miedo, como un animal acorralado, ataco.

Yo: Ohh, pobrecito. Ven aquí, ahora mismo necesitas un abrazo.
(Cierro los ojos y abrazo a mi Rabia, que ahora tiembla como un conejito frágil y tembloroso.)
Lo sostengo cerca, envolviéndolo en calor, en amor.
"Estás a salvo conmigo", susurro. "Te amo".

Al principio, la Rabia se pone rígida, resistiendo el calor, poco acostumbrada a ser sostenida con tanta amabilidad. Tiembla, insegura, como una criatura salvaje que nunca ha conocido la ternura. Pero a medida que mi abrazo permanece—firme, aceptante, inquebrantable—la Rabia comienza a suavizarse.

Las llamas oscuras parpadean, no se extinguen, pero se aquietan. La tensión se derrite en algo desconocido pero reconfortante. Quizás, por primera vez, la Rabia se siente vista, no como un enemigo al que hay que combatir, sino como una parte herida que anhela ser comprendida.
Una exhalación temblorosa. Una rendición silenciosa. Una lágrima.
Y entonces, la Rabia susurra: "No sabía que podía ser sostenida así".

Yo: Con suavidad, pregunto:
"Dime, ¿es realmente cierto que si las cosas no salen como las planeaste, va a generarse en ti una herida? ¿Cómo lo sabes con certeza?"

Rabia: En realidad, ahora que lo pienso... no es necesariamente cierto.

Yo: Mi querido niño interior. Mi mente de supervivencia,
siento tanta compasión por ti.
Sé que tienes miedo. Te amo. Estás a salvo.
Recuerda: la mente de supervivencia solo tiene una función:
mantener el cuerpo a salvo. No ve el panorama completo de tu existencia eterna como hijo de Dios.

Tú eres el Creador encarnado.
Tienes el poder de crear cualquier realidad que desees,
simplemente enfocando tu mente en ella.
No eres víctima de tus circunstancias,
a menos que aceptes serlo.
Las circunstancias surgen como una marea cambiante,
reflejos de lo que llevamos dentro.

Reflejan pensamientos, creencias que sostenemos,
despiertos en el día o escondidos en lo profundo de nosotros mismos.
Pero somos los creadores; el guion es nuestro
para cambiar los vientos, para mover las estrellas.
Ninguna circunstancia puede mantenernos atados,
a menos que en nuestra mente encuentre su lugar.
Así que elige tu historia, reescribe la escena y
despierta el poder que vive en medio.

Las circunstancias se inclinan ante quien sabe
que la vida es el jardín donde la intención crece.
La mente de supervivencia te mantiene a salvo,
pero también te impide experimentar algo nuevo y expansivo,
porque lo desconocido da miedo.
La mente de supervivencia teme al cambio más que a nada.
Te mantiene atrapado en la caja de lo familiar y lo ordinario.
Sin embargo, el cambio es el flujo de la vida.
El río de la vida siempre está en movimiento.
El cambio es donde se despliegan la emoción, el descubrimiento y el crecimiento.

Recuerda quién eres realmente:
un Alma infinita e indestructible.
La mente superior de tu Alma ve el panorama completo.
Medita en el punto justo encima de tu cabeza
y escucharás a tu mente superior.
También puedes conectarte con ella a través de tu Corazón.
Por eso existe un dicho antiguo: Escucha a tu Corazón.
Por un momento, aquieta tu mente y siente con el corazón.
¿Qué decisiones se sienten bien? ¿Qué es lo que más te entusiasma?
Confía en ese saber del corazón.
Esta es la sabiduría de tu Alma.

Sabe con certeza que todo lo que sucede es siempre para tu mayor bien.
El mundo es tu patio de juegos.
Estás a salvo. Eres libre. Eres amado incondicionalmente.
¿Qué quieres crear hoy?

Rabia: Toda esa energía de miedo e ira que tenía se está transformando; cambió de dirección.
Ahora puedo usarla para crear algo
divertido, grandioso y magnífico.
No tengo miedo—¡estoy entusiasmado!
¡Ahora soy una Fuerza Creativa!
Soy libre y soy bueno.
Creo con Amor. Creo en Paz.

Yo: Rabia, ¿cuál es tu nombre ahora?

Yo soy Creatividad

Los Celos se convierten en Gratitud

Siento celos.
¡Qué sensación tan desagradable!
Miedo mezclado con envidia.
Me asfixia.

Los celos son una llama en penumbra,
un susurro suave que dice mi nombre.
Parpadean en verde dentro de mi pecho
un dolor furioso, un corazón sin bendición.
Se enroscan con un calor amargo,
convirtiendo la alegría en una derrota punzante.

Una mirada anhelante, una mano que se aferra
ante lo que no es mío; me planto firme.
Llevan una máscara de fría desesperación
de querer más, pero de aquello que no está.
Un hambre profund, y a la vez vacía,
un amor torcido, quemado, desviado.

Los celos, un mar tormentoso,
que ahoga el alma y niega la paz.
Y aun así, en sus profundidades, una verdad no dicha:
el miedo a perder aquello que creemos poseer.

Un dolor agudo y retorcido en el alma—parte anhelo, parte miedo.
Quema como ácido, hierve en el pecho, aprieta la garganta
y envenena la mente con comparaciones inquietas.
Susurra: "No eres suficiente. Otros tienen lo que te falta".

Convierte la admiración en resentimiento,
el amor en inseguridad,
el deseo en tormento.
Es un hambre que no puede saciarse,
una tormenta que nubla la gratitud,
un espejo que distorsiona la realidad.

Y, sin embargo, en su núcleo,
los celos no son más que un anhelo no reconocido:
un llamado doloroso a reclamar el propio valor.
Eso se siente tan nauseabundo.
Como un golpe de veneno
retorciéndose en la boca del estómago.
De verdad quiero que desaparezca.

Yo: Ya he tenido suficiente. Hablemos.
Celos, ¿de qué tienes celos?

Celos: Tengo miedo de perder a alguien que quiero que sea mío para siempre.
Tiemblo ante la idea de que se aleje.
¿Y si encuentra a alguien más—alguien mejor?
¿Y si no soy suficiente?

Yo: ¿Temes ser abandonado porque crees que no eres suficiente?

Celos: Tengo miedo de que me dejes atrás y ese pensamiento duele tanto que no lo soporto.
Tiemblo dentro de ti intentando protegerte de volver a sufrir.
Soy el miedo infantil: la preocupación de que mamá o papá se vayan y no regresen nunca, llevándose todo su amor.
Siento que si nadie me ama, no voy a sobrevivir.

Ese miedo es profundo, como una gran tormenta interior.
Todo niño que alguna vez fue abandonado conoce este dolor: se siente como si el mundo entero se acabara.
Y aun ahora, aunque ya eres adulto, hay una parte de ti que sigue creyendo que si alguien a quien amas se va, no podrás seguir adelante.

Por eso yo—los celos—me siento tan grande y tan aterrador.
Detrás de mí se esconde el mayor de todos los miedos:
el miedo a la muerte.
Por eso este dolor se siente tan inmenso, como si me estuviera ahogando.

Yo: Eso suena realmente difícil.
Ahora que entiendo lo que ocurre, siento mucha compasión.
Pero dime, ¿es verdad que si esa persona se va, morirás?
Ahora soy una persona adulta. Puedo cuidarnos.
Y no, no es verdad. No solo sobreviviré, sino que prosperaré.
Cuido de mi niño interior como lo haría un buen padre o madre.
Mi niño interior está a salvo conmigo.

Celos: De acuerdo, me siento mejor al saber que estoy a salvo.
Esa certeza calma el dolor, haciéndolo menos tóxico y abrumador.
Ya no pierdo la cabeza por esto.
Ahora es manejable, puedo afrontarlo con claridad y razón.
Pero ¿qué pasa con el miedo de perder a la persona amada frente a alguien más?
¿Y si se confirma mi inseguridad más profunda: que no soy suficiente?

Yo: ¿Puede realmente perderse el amor?
El amor es algo que se tiene, que se da, que se es.
Si amas, el amor es tuyo; siempre está contigo.
Cuando no amas, no lo tienes, y nadie puede dártelo.

El amor nace desde dentro, no desde fuera.
El amor no es posesión ni control.
El deseo de poseer surge de la inseguridad y del trauma.
El amor verdadero es alegrarse genuinamente de que la persona amada sea feliz.

Celos: Es verdad...

Yo: Todas las personas que encontramos en la vida cumplen un papel en nuestro camino.
Si una relación cambia o se transforma, es parte de la historia, no un fracaso.

De hecho, puedo sentir gratitud por el amor que existe, por esta conexión tan profunda e incluso por la experiencia de la separación.
Sin separación, no podemos experimentar plenamente la conexión en este mundo de dualidad,
este juego de escondidas con nosotros mismos.

Así que agradece a quienes ocupan roles profundos e íntimos en tu vida.
La gratitud se siente mejor que los celos
y crea una historia de vida más hermosa.

Celos: ¿Gratitud?
¿Puedo ser reemplazado por eso?

Yo: Cuando me enfoco en la gratitud, veo la belleza del momento presente.
Agradezco el amor que estoy viviendo en lugar de temer su pérdida.
No hay necesidad de controlar ni de aferrarse:
el amor, como la vida, es un regalo para ser apreciado ahora.
Además, las personas más cercanas son mis mayores espejos,
reflejando partes de mí que quizá aún no veo del todo.

Cuando alguien me rechaza, revela las formas en que yo mismo puedo estar rechazándome.
En lugar de resistir, elijo verlo como una oportunidad de autoconocimiento.
Al aceptar y amar todas las partes de mí que antes rechazaba,
cultivo un amor propio profundo.
Y cuando realmente me amo, atraigo de forma natural a la pareja perfecta y amorosa que me valora,
tal como enseña la Ley de la Atracción.

Celos: Pero mi propósito era protegerte...

Yo: Lo entiendo y lo agradezco.
Te reconozco, te respeto y te amo.
Pero ya no necesitas protegerme a través del miedo.
La gratitud es ahora mi guía.
Me muestra que el amor es abundante,
que no puede perderse realmente, solo transformarse.

El amor es mi esencia.
Irradio amor y me convierto en un imán para el amor.
Atraemos aquello que somos.
El miedo atrae separación; el amor magnético atrae conexión.
Gracias por intentar protegerme, pero elijo confiar y agradecer el amor que existe.

Ahora soy quien crea mi vida.
Recupero mi poder.

Celos: De acuerdo...
Ya no me necesitas como antes.
Ahora sabes quién eres.
No puedo irme, porque soy tu energía,
pero sí puedo transformarme.

Yo: ¿Transformarte en qué?

Los celos se detuvieron, sintieron su propio movimiento interno,
observaron el cambio,
y con una sonrisa serena y una profunda sensación de alivio declararon:

Soy Gratitud.

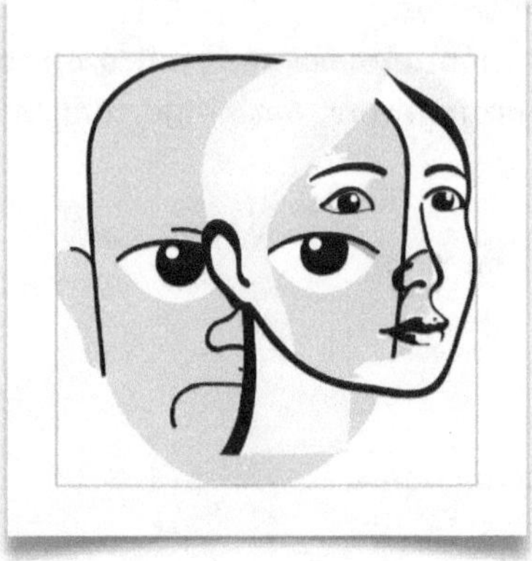

La Envidia se transforma en Admiración

Siento Envidia, espesa e implacable.
Se aferra a mis costillas, filtrándose en cada respiración.
Un peso enfermizo, oscuro y pegajoso,
como alquitrán fundido vertido en mi alma,
endureciéndose lentamente, atrapándome por dentro.

Yo: Hola, Envidia. Te siento.
Te reconozco.
Te hablo como a una amistad.
Dime, Envidia—
¿de qué tienes envidia?

Envidia: Tengo miedo de que, si mis amistades me superan,
si tienen éxito mientras yo me quedo atrás,
me haga pequeño en su presencia
sintiéndome insignificante.
Si suben más alto que yo,
temo que ya no me vean de la misma forma,
que se den vuelta y se vayan,
dejándome atrás.

Tengo miedo de perderles,
de quedarme solo, no amado,
de convertirme en nada más
que un fracaso olvidado...

Yo: Envidia, déjame decirte una verdad sobre la vida:
Si tus cuatro amistades más cercanas tienen éxito, tú serás la quinta.
Si tus cuatro amistades más cercanas fracasan, tú serás la quinta.
Por eso es mejor rodearte de personas que ganan—
personas felices, sanas, apasionadas,
que siguen sus sueños y encarnan su máximo potencial.
Tu entorno te moldea profundamente—
hasta que dominas la creación misma.

Un verdadero Creador sabe que el mundo externo
es simplemente un reflejo del estado interno.
Cuando mente, cuerpo y alma se alinean por completo,
puedes trascender las circunstancias
y dar forma a la realidad desde dentro.
Con esto en mente, el éxito de tus amistades es tu éxito.
Celébralo como propio.

Cuando ves algo que deseas profundamente
y alguien cercano lo alcanza primero,
tómalo como una señal—
te estás acercando a tus sueños.
Si apareció en tu realidad inmediata,
significa que tú eres el siguiente en la fila.
¡Alégrate! ¡Celebra lo que viene hacia ti!

Envidia: Es una gran forma de verlo. Anotado.
Pero tengo otra duda:
Ellas y ellos tienen éxito porque son realmente buenos en lo que hacen.
Yo no tengo talento como ellos.

Yo: Todas las personas tienen talentos únicos.
Cuando sigues tu corazón,
cuando escuchas tu inspiración más elevada,
esta te guía sin esfuerzo
hacia el mejor lugar para ti.

No hay dos caminos iguales hacia la grandeza.
Abraza el tuyo.
No hay competencia en tu recorrido—
porque es solo tuyo.
Pregúntate:
¿Qué quiero crear realmente?
¿Cómo quiero expresarme?
¿Qué es lo que más me entusiasma en esta vida?
Ahí están las claves de tu verdadero camino.

Aquí tienes un ejercicio poderoso:
Escribe 100 cosas que deseas en la vida.
Quizás te quedes atascado alrededor de la número 30—
está bien. Continúa.
Siéntate con ello, reflexiona, medita durante algunos días.
Las respuestas llegarán.

Muchas personas han olvidado lo que realmente desean,
entrenadas para perseguir metas genéricas.
Pero como todas somos diferentes,
nuestros sueños no pueden medirse con el mismo estándar.
Sé valiente. Sé honesto.
Cuando escribas tus 100 sueños,
confía en ti.

Atrévete a soñar lo imposible—
con el asombro inocente de la infancia.

Envidia: ¡Eso suena emocionante!
No necesito compararme con nadie—
mi único enfoque soy yo.
Eso se siente más liviano, más libre, mejor.
Puedo sentir cómo me transformo...
convirtiéndome en algo nuevo.

Yo: ¿En qué te estás transformando, Envidia?

Envidia: Esperanza e inspiración llenan mi alma,
un fuego se enciende, firme y completo.
Veo a mis amistades—valientes, luminosas,
tejiendo sus dones, brillando con su luz.

Sus talentos dan nueva forma a este mundo,
una obra maestra en cada matiz.
Empujan los límites, rompen moldes,
su coraje convierte lo nuevo en oro.

Son mis espejos, me guían,
reflejando todo lo que puedo llegar a ser.
Con cada paso que dan al subir,
me muestran que los sueños pueden vencer al tiempo.
Así la envidia se disuelve, se desvanece,
reemplazada por amor, por un camino más luminoso.
Les valoro, permanezco en gracia,
inspirado a elevarme y ocupar mi lugar.

Yo soy Admiración

La Molestia se transforma en Compasión

No puedo soportar verlo,
ni siquiera oír su voz.
La forma en que presume, la forma en que finge—
como si fuera mejor que todos los demás...
¡Qué arrogante y patético!

Esa sensación desagradable de molestia me persigue,
incluso cuando no está cerca.
Y aun así, no puedo dejar de pensar en él.
¿Por qué?
¿Por qué me importa siquiera?
¿Por qué me gatilla tanto?
A menos que... esté sosteniendo un espejo—
para mí.

Esta es **mi** molestia.
Mía para enfrentarla, mía para comprenderla.
Nadie más que yo puede lidiar con ella por mí.
Ese hombre no va a cambiar solo porque yo quiera.
Así que, en vez de eso, miro hacia adentro.
Déjame hablar con mi Molestia,
escuchar lo que tiene para decir.

Aquí hay un mensaje,
un regalo esperando ser abierto.

Yo: Molestia, te siento.
Te veo en mi corazón.
Te honro.
Dime, ¿qué es lo que te molesta?

Molestia: Estoy molesto porque él intenta demostrar
que es mejor que tú
y mejor que todos los demás.
¡Pero eso no es verdad! Nadie es mejor.
Todos somos igualmente superestrellas únicas.

Yo: Me pregunto por qué necesita presumir
y fingir que es el más importante.
¿Qué razón más profunda se esconde dentro?
Quizás siente la necesidad de ocultarse.

Tal vez, muy en el fondo,
se siente peor que todos los demás.
Para tapar su baja autoestima,
se aferra a la imagen de alguien más grandioso.
¿Será que cree que es un perdedor inútil y patético?
¿Será que tiene miedo de que nadie lo ame por ser quién es?
Ha olvidado quién es realmente—
una expresión única y brillante de Dios.

Entonces se esfuerza tanto por ser algo
que cree que a la gente le gustará más
que su verdadero yo.
Fingiendo constantemente, actuando sin parar,
pero nadie le cree ni lo respeta de verdad,
porque en el fondo saben que es solo una máscara.
Trabaja incansablemente ocultando sus sombras,
desesperado por demostrar que es bueno,
digno de amor.

Pero por dentro teme no serlo.
Esconde su verdadera luz
detrás del brillo de palabras fanfarronas.

Cree que si la gente ve su dolor,
lo juzgarán, lo rechazarán,
o peor aún—se apartarán con miedo y disgusto.
Eso es muy triste.
Ahora no siento nada más que compasión.
La molestia se ha ido.

Una expresión única y hermosa
dentro del espectro infinito de la luz divina.
Pero porque este hombre aparece en mi realidad
y me gatilla tan profundamente, también sé que:
está sosteniendo un espejo amplificador para mí.
Mostrándome que yo también
no he aceptado completamente todos los aspectos de mí mismo.

Escondo mis sombras, entierro mis dolores,
finjo ser alguien que no soy,
temiendo que si las personas me conocieran de verdad,
no me amarían.

Y entonces, es lógico:
¿quién me amaría
si ni siquiera yo me amo a mi mismo?
El rechazo es lo que veo en el espejo de mi mundo—
yo, rechazándome a mí mismo.
Te veo ahora, mi viejo disfraz,
un programa construido sobre mentiras antiguas
transmitidas a través del tiempo, tan profundamente sembradas.
Un miedo que nos cala hasta los huesos.
Tal vez este sea el miedo más profundo
de cada persona en este planeta:
que no seamos lo suficientemente buenos para ser amados
por quienes realmente somos.

Y así, escondemos partes de nosotros,
rechazando y apagando
la luz de nuestro ser verdadero y completo.
Pero ahora, elijo un nuevo camino.
Estaré al servicio de la humanidad
transformando esta creencia en mi realidad,
un cambio que sanará tanto a mí como al colectivo.

Y así es como lo haré:

Escribiré un nuevo acuerdo
en la Constitución de mi Vida,
con efecto inmediato.

La Nueva Constitución de Mi Vida

Acepto todas las facetas de mi ser, cada una una obra maestra de belleza y unicidad. Con tierna adoración, abrazo cada aspecto de mí mismo, sin emitir juicio alguno, y así me uno en plena armonía con la Unidad.

En esta sagrada unidad, me amo y me acepto por completo; pues no existen fallas en esta creación divina, ni dentro de mí, que no soy sino una parte de ella. Esta creación es la Perfección misma, reflejo del propio Creador.

Soy íntegro y completo, formado a imagen del Creador –de la Fuente Infinita Una, de la cual yo también soy parte. Desde el amor, doy forma a mi realidad, porque, en verdad, Yo Soy Amor.

(Incluso lo escribí en un pergamino envejecido, de estilo antiguo, inspirado en la Constitución de los Padres Fundadores, para que mi mente lo absorbiera más rápido. Reprogramar mi subconsciente es como domar un caballo salvaje: es una aventura creativa que requiere verdadera habilidad. O quizá se parece más a alimentar a un niño pequeño. Si mi mente no queda convencida por una afirmación positiva, nunca la creerá de verdad, y mucho menos la convertirá en realidad.

Así que la nueva creencia tiene que ser persuasiva e irresistible. Si es lógica, atractiva y está envuelta en un paquete seductor, mi mente se la comerá sin dudar. Alguien en Hollywood descubrió eso hace mucho tiempo. Pero no importa cuáles sean sus creencias: yo estoy creando las mías.

Estoy creando mi propio lavado de cerebro—uno que me beneficie a mí y a la humanidad en su conjunto, porque yo soy parte de la humanidad. Estos nuevos sistemas de creencias cultivarán más libertad, poder, amor y creatividad, reemplazando a los antiguos que generaron esclavitud y dolor.

Pero ¿por qué alguien querría esclavizarnos? Quizás porque nunca fueron verdaderamente libres ellos mismos. Esa verdad se revelará a su debido tiempo.

Pero, ¿realmente importa el pasado? Ahora mismo, lo único que existe de verdad es este momento. Así que permíteme volver a mí mismo—aquí y ahora.)

¿Cómo podría rechazar alguna parte de mí mismo?
Sin cada una de mis partes el Todo no podría existir.
Incluso acepto a mi Miedo.
Amo a mi Miedo.
Respeto a mi Miedo,
mi más grande Maestro.
Estoy agradecido por tus lecciones.
Amo cada parte de mi Sombra,
los secretos profundos y oscuros,
los lugares de mí que no me gustan,
todo aquello que temo, juzgo y desprecio en mí mismo.
Y al amarlo,
transformo todo mi ser
de vuelta al Amor,
de vuelta a la luz original
del Uno Infinito Creador.

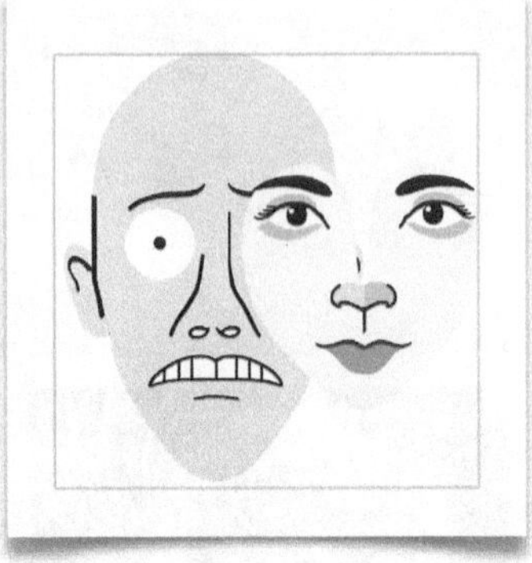

La Vergüenza se convierte en Inspiración

Yo: Tengo miedo de la atención.
Me escondo en la multitud.
Quiero pasar desapercibido,
mantenerme pequeño,
aunque sé que soy infinito...
¿Por qué no me permito brillar como una estrella?
¿Acaso no soy una estrella en el lienzo de la Creación?

Siento miedo surgir desde lo más profundo de mi ser
cada vez que subo al escenario abierto de la vida,
sintiéndome expuesto, vulnerable, inseguro.
Miedo, hablemos una vez más, mi gran maestro.
Dime, ¿qué es eso que tienes tanto miedo de mostrar?

Vergüenza: Yo soy la Vergüenza.
En lo más profundo, tengo el convencimiento de que hay algo mal en mí.
No sé exactamente qué es,
pero sé que es algo que debo ocultar.

Yo: Está bien, te llamaré Vergüenza. Veamos de dónde vienes. Cuéntame más sobre ti.

Vergüenza: Es peligroso ser el centro de atención,
especialmente frente a una gran multitud.
Verán mis debilidades, mis miedos, mis imperfecciones—
y sentiré vergüenza.
Te estoy protegiendo de eso.
Se siente más seguro quedarse en lo ordinario,
mantener ocultas mis verdaderas opiniones, mi belleza real y mis pasiones más profundas.

Si las revelo, la gente podría pensar que algo extraño hay en mi.
Nadie querrá ser mi amigo.
Nadie me amará.
Creo que debo encajar para ser amado y aceptado—
por mi familia, por la sociedad.
Si no lo hago, me rechazarán, me castigarán o incluso me destruirán—
tal como han hecho con tantos antes.

Mira lo que le pasó a Jesús, que brilló demasiado.
Lo usaron como ejemplo,
una advertencia grabada en la mente de generaciones durante mil años.
"No destaques. No seas diferente."
Ir en contra de las normas públicamente aceptadas es arriesgarlo todo—
incluso tu vida.
Te estoy protegiendo de una muerte violenta.

Yo: Aprecio que intentes mantenerme a salvo,
pero al hacerlo, me impides brillar con mi luz.
El peligro del que me adviertes es un fantasma, una mentira—
una sombra sin sustancia.
Crees que me proteges,
pero en realidad me estás frenando para convertirme más en quien soy.
Temes lo desconocido, pero ahí es donde descubro mi grandeza.

En verdad, no hay nada más que yo en mi mundo.
Todo lo que veo es una proyección de la mente de mi Alma—
incluso tú, Vergüenza.
Sin embargo, me mantienes pequeño, como un ratón,
corriendo de un lado a otro, apenas intentando sobrevivir.

Qué triste retener todo mi potencial
por el bien de una ilusión.
Qué desperdicio de vida.

¿Por qué nací?
Para crear, para explorar, para experimentar—
todo, incluso a ti, Vergüenza.
Serás mi tirachinas,
tirándome hacia atrás con tu peso,
alejándome de mi verdadero ser.

Y cuando finalmente suelte,
saldré disparado hacia mi esencia
con una fuerza imparable.
Este es tu propósito para mí,
y el momento es... ¡ahora!
Gracias por tu servicio.
Un hijo de Dios, es Dios—
¡un universo fractal!

Ahora estoy emocionado por actuar,
por entrar con valentía en las expresiones más aterradoras de mí mismo.
Estoy inspirado—nada puede detenerme.
Estoy listo para conocer a mi Yo Superior.

Vergüenza: ¡Ja! Limpia el equipaje antes de despegar—
de lo contrario, podrías tropezar ante la primera señal de desaprobación.

Yo: ¡Tienes razón! Buen punto.
Vergüenza, ¿de qué te avergüenzas?

Vergüenza: Aquí está la lista de creencias que me crean:
No soy suficiente.
Hay algo inherentemente malo en mí.
Estoy roto, soy defectuoso o fallado.
No soy digno de amor ni de pertenencia.
Si la gente conociera al verdadero yo,
me rechazaría.

Soy una decepción.
No merezco felicidad ni éxito.
La gente me juzgará si ve mis defectos.
Si cometo un error, seré humillado.
Debo ser perfecta para ser aceptado.
Tengo que probar mi valor ante los demás.
Si fracaso, seré visto como inútil.
Solo valgo si los demás me aprueban.

Mis sentimientos son demasiado para los demás.
Si expreso mis emociones, me ridiculizarán.
Pedir ayuda me hace débil.
Es egoísta ponerme primero.
Debo suprimir mis verdaderos sentimientos
para ser aceptado.

Estoy definido por mis errores del pasado.
Nunca puedo deshacer lo que hice mal.
Lo que me pasó prueba que no valgo nada.
Estoy manchado para siempre por mis fracasos.
Si destaco, seré castigado.
Es peligroso ser diferente.
Debo encajar para ser amado.
Si la gente ve mi verdadero yo,
me abandonará.

Debo ser quien los demás esperan que sea.
Solo soy tan bueno como mis logros.
Si fracaso, perderé todo mi valor.
No merezco reconocimiento ni éxito.
El éxito hará que la gente me odie.
Mi cuerpo es defectuoso
y debería avergonzarme de él.
Debo esconder mi verdadera identidad
para ser aceptado.

Soy demasiado / no soy suficiente.
Al mismo tiempo.
En otras palabras, eres imperfecto.
Ellos verán cuán imperfecto eres,
te criticarán con sus palabras y pensamientos,
te reprenderán,
destruirán tu autoimagen,
tu reputación,
tu autoestima
y tu valor propio.
Te sentirás como un tonto frente a todos.
Todos se reirán de ti.
Y sabrás que no eres nada.
Las luces del escenario expondrán
tu verdadero yo,
tus miedos.
Lo sabrán.

La gente verá a través de ti
y verá toda tu fealdad
y conflictos internos.
Todo tu trauma,
tu dolor
y tus creencias limitantes
sobre ti mismo.

Yo: ¿Wow, todo eso? ¿Crees todo eso?
Tengo trabajo que hacer aquí.
¡Eso es un montón de mierda! Mejor empiezo a palear.
Creencia antigua: Soy imperfecto.
Nueva creencia: Soy perfecto.

De hecho, escribiré esto en notas adhesivas y las pondré por toda mi casa, solo para recordarme que soy perfecto simplemente por ser.
No para ser narcisista, sino para reconocer mi verdadera naturaleza.

Mi nueva creencia central:

Soy perfecto, exactamente como soy, porque soy una expresión única de Dios.

Incluso en mi vergüenza, mis tropiezos y mis errores, estoy al servicio de los demás.
Cuando las personas presencian mis desafíos y mi dolor, se convierte en un espejo que las ayuda a reconocer los suyos.

El trauma es profundamente cercano porque toca cada vida humana—está tejido en la trama de nuestra experiencia como un catalizador para el crecimiento.

El dolor moldea nuestro viaje, nos enseña, nos refina y nos permite evolucionar.
A través de cada uno de nosotros, la conciencia colectiva se expande, explorándose y comprendiéndose continuamente.
Simplemente por existir, contribuimos a la evolución de los demás y al autodescubrimiento del Creador.

Desde mi perspectiva renovada, este dolor no es una marca de vergüenza, sino un testimonio de mi servicio, resiliencia y gloria.
¡Boom! ¿Qué tal eso para volar la vergüenza?
Eso es transformación de nivel alquímico, justo ahí.

La verdad es que, en mi núcleo, soy amor,
la luz más hermosa y la dicha más pura.
Esa es mi verdadera naturaleza.
Eso es lo que brillaré, y eso es lo que la gente verá.
Y si ven mi dolor y mi debilidad,
aprenderán de ello.

Porque tengo compasión por mí mismo
y por los demás,
ellos reflejarán mi compasión y mi amor
de vuelta hacia mí.
Después de todo, ¿qué ser humano no carga tanto luz como dolor?
Es parte de la experiencia humana.

A través de las profundidades del dolor,
a través de la exploración de la oscuridad,
descubrimos más luz—
nuevos espectros de luz nunca antes vistos.
Un amor más profundo, más poderoso.
Mi experiencia es una experiencia del Creador.
Ese es mi servicio a Todos.

Las personas aprecian mi servicio,
lo sepan conscientemente o no.
Porque en sus corazones, ya lo saben.
La verdad es—
soy una expresión única de Dios.
Tengo tanto para dar,
tanto amor y luz para brillar.
Como el Sol, derramando su luz infinita,
dando vida a la Tierra,
yo también brillo aquí y ahora.

Un hijo de una estrella es una estrella.
La oscuridad, cumpliendo su propósito,
desaparece en presencia de la luz.
La verdad disuelve las mentiras,
los engaños que cargué durante tanto tiempo.

Mi madre se escondió, mi abuela también,
creyendo que la seguridad estaba en
las sombras proyectadas, en mantenerse pequeñas,
con miedo a brillar, con miedo a caer.

Pero recuerdo—soy libre,
una estrella renacida en su destino.
Moldeo mi mundo, reclamo mi espacio,
doy el paso hacia mi lugar legítimo.
Y ahora que te he visto con claridad,
Vergüenza, te pregunto—¿sigues apareciendo?

Vergüenza: Me disuelvo, me transformo,
ya no tengo ataduras, no tengo forma fija.
Por tanto tiempo en una jaula de mentiras,
usando la máscara del disfraz de la Vergüenza.

Pero la verdad ha roto cada cadena,
ya no hay escondites, ya no hay dolor.
Me elevo, vuelo en el viaje del Espíritu,
libre, indómito, bañado en luz.
Soy libre — sin peso, sin temor,
Soy el cielo, vasto y claro.
Brilla, tú, diamante brillante,
una estrella renacida en luz infinita.

Yo soy Inspiración

Las raíces de la Verguenza: Trauma Infantil

La sensación de vergüenza suele tener su origen en heridas profundas de la infancia, cuando el sentido de valía y pertenencia de un niño se ve dañado por experiencias críticas, descalificadoras o negligentes. Estas heridas pueden manifestarse de las siguientes maneras:

Rechazo del yo auténtico
Cuando un niño es avergonzado por expresar sus emociones verdaderas, sus deseos o su individualidad, aprende a asociar el ser quien es con el rechazo o el castigo. Esto genera la creencia de que debe ocultar o reprimir partes de sí para ser aceptado.

Amor condicionado
Crecer en un entorno donde el amor y la aprobación dependen del desempeño, la conducta o los logros puede dar lugar a la vergüenza. El niño aprende que su valor es condicional, lo que fomenta el miedo al fracaso o a la imperfección.

Críticas o castigos severos
La crítica frecuente, la burla o el castigo por parte de las figuras de cuidado pueden hacer que un niño se sienta inherentemente defectuoso o "no lo suficientemente bueno". Esta creencia internalizada suele convertirse en la raíz de la vergüenza en la adultez.

Negligencia o abandono emocional
Cuando las necesidades emocionales de un niño son ignoradas o minimizadas, puede llegar a sentirse indigno de cuidado o atención. Esta negligencia instala una sensación de vergüenza por tener necesidades o desear conexión.

Comparaciones y favoritismo
Ser comparado con hermanos, pares u otras personas puede generar un sentimiento de insuficiencia. El niño puede sentir vergüenza por no cumplir con las expectativas o por no ser "tan bueno" como otros.

Abuso físico o emocional
El abuso enseña al niño que es impotente, defectuoso o indigno de amor y seguridad. Esta herida profunda suele arrastrar una pesada carga de vergüenza hasta la adultez.

Vergüenza cultural o social

Crecer en una cultura o entorno con normas rígidas y juicios constantes puede inculcar vergüenza, especialmente si la identidad, las creencias o las preferencias del niño difieren de lo que se considera "aceptable".

Escuela dominical y programación religiosa

Ciertas interpretaciones dentro de las religiones judeocristianas pueden promover la vergüenza al enfatizar el pecado, la indignidad y la sumisión, en lugar de destacar el amor divino y el valor inherente de cada persona como hijo o hija de Dios. El fuerte énfasis en la pecaminosidad innata, el temor al juicio divino y los códigos morales estrictos pueden llevar a las personas a interiorizar la culpa y a verse a sí mismas como fundamentalmente defectuosas.

Las enseñanzas que subrayan la negación de uno mismo y la sumisión a la voluntad de Dios a menudo eclipsan el mensaje empoderador de haber sido creados a imagen divina, con la capacidad de co-crear con lo Divino. Con el tiempo, prácticas culturales e institucionales dentro de estas tradiciones han utilizado en ocasiones la vergüenza como medio de control, amplificando el miedo por sobre la gracia. Para restaurar el equilibrio, es esencial abrazar las enseñanzas fundamentales del amor divino, el perdón y la sacralidad de la conexión humana con Dios, que afirman el valor y la dignidad de todos.

En su esencia, la vergüenza suele ser el resultado de la percepción infantil de ser indigno, defectuoso o no merecedor de amor. Sanar estas heridas implica reconectar con el niño interior, practicar la autoaceptación y desmantelar creencias limitantes que ya no sirven al crecimiento ni a la libertad personal.

La Culpa se convierte en Serenidad

Mi corazón se hunde.
Desaparezco
en un pozo de oscura nada.
Culpa—
me consume,
convirtiendo mi mente en cenizas
devorada por las sombras
donde la luz olvida llegar.

Me envuelve,
aprieta como cadenas de hierro,
arrastrándome hacia abajo,
pesa, es implacable,
hasta que olvido
cómo se siente la libertad.
Culpa, te siento.
¿De qué eres culpable?

Culpa: Soy el juez, el jurado y el verdugo de mi propio corazón.
Este es mi veredicto: Culpable.
Culpable de herir a alguien que amo. Culpable de traicionar su confianza.
Culpable de dañar aquello que más quería proteger.
Debería haberlo hecho mejor.

No cumplí las expectativas, ni las mías ni las de otros.
Soy responsable del sufrimiento ajeno.
Tomé la decisión equivocada.
Decepcioné a personas que dependen de mí.
Descuidé mis deberes y obligaciones.
Traicioné su confianza.
No estuve ahí cuando más me necesitaban.
No hice lo suficiente.
Fui egoísta.

Me puse primero, y eso hirió a otros.
Soy una mala persona por lo que hice —o por lo que no hice.
Debería haber sabido más.
Defraudé a quienes confiaban en mí.
Mis errores son imperdonables.
Causé daño sin querer pero sigue siendo mi culpa.
No puedo deshacer el daño que he hecho.
Debo sufrir o castigarme para compensarlo.
No soy digno de amor ni de perdón por mis acciones.

Yo: ¿Todo eso?
¡Quizás ni siquiera merezco existir!

Culpa: Traicionaste a alguien que amas profundamente—
a tu propio hijo.
Desde tu ignorancia,
rompiste algo sagrado.
Tal vez nunca te perdone.
Traicionaste su confianza, su amor.
No estuviste ahí para él
cuando más te necesitaba.

Yo: Creo que perdí a mi hijo para siempre.
Se siente tan distante, incluso cuando está justo a mi lado.
Estamos en mundos distintos...
¿Cómo salto esta infinitud?
¿Con mi amor?
Creo que puedo.
No hay nada más que pueda hacer.

Tal vez nunca me perdone...
¿pero yo me perdono a mí?
¿O paso el resto de mi vida encadenado a la culpa,
dejando que distorsione el amor que tengo para dar?
¿Vivo atado al pasado
o elijo crear devoción pura
en este mismo instante, desde ahora?
No hay necesidad de cargar con la culpa—
solo volvería mi amor impuro y necesitado,
solo lo empujaría aún más lejos.

¿Quién quiere quedarse
en la pesadez pegajosa de la desesperación?
Elijo perdonarme,
liberarme de este peso.
Y además... ¿por qué creo
que nunca me perdonará?
Él entiende.

En el fondo, lo sabe—
hice lo mejor que pude
con lo que tenía
en ese momento de mi vida.
Sé que me ama.

Culpa: ¿O tal vez no fue tu mejor esfuerzo?
¿Tal vez podrías haberlo hecho mejor?

Yo: Culpa, eres astuta y pegajosa,
no tan fácil de despegar—
como un chicle viejo adherido a mi zapato,
me arrastras con cada paso.
Pero ahora te veo:
estás hecha de mis propios pensamientos duros,
un bucle de crítica que gira en mi mente.
La vergüenza es solo una señal,
apuntando a las mentiras que aún creo.

Y por eso, Vergüenza—
te doy las gracias.
Me guías de vuelta a la conciencia,
a la verdad bajo el ruido.

Así que me recuerdo a mí mismo:
siempre hago lo mejor que puedo en cada momento.
Por eso hago lo que hago.
Si hubiera sabido una manera mejor,
la habría elegido.

Elijo el camino más claro que veo,
sigo el instinto más fuerte que siento,
(aunque sí— a veces
no pienso los pensamientos más elevados disponibles para mí).
Aun así, lo hago a mi manera.
Asumo cada paso.
Me hago plenamente responsable de mis decisiones.
Y, por encima de todo—
confío en mí.
Esta es mi nueva actitud.
Entonces, Culpa...
¿quién eres ahora?

Culpa: Soy Perdón,
suave como un susurro, vasto como el mar.
Soy Paz.
Soy Plenitud,
llena, completa, entera.
Soy Serenidad,
quieta, inquebrantable, eternamente libre.
No cargo cadenas, no sostengo peso—
solo amor, atemporal e innato.

Yo soy Serenidad

La Dualidad impulsa la Evolución

La Unidad se divide en dualidad para experimentarse y comprenderse a sí misma. En un mundo de opuestos, el equilibrio surge solo cuando ambos lados pueden existir. Luz y oscuridad, amor y miedo, femenino y masculino, yin y yang: cada uno complementa al otro, impulsando el movimiento de la evolución. Profundizamos en la comprensión del amor y la conexión al encontrarnos primero con el miedo y la separación. A través de la atracción magnética de los opuestos, nosotros, como parte del Todo, llegamos a conocernos más plenamente.

Cuando nos juzgamos a nosotros mismos o a los demás, interrumpimos este equilibrio, y la vida responde trayéndonos las experiencias necesarias para restaurarlo. Si anhelamos amor como si careciéramos de él, podemos encontrarnos con soledad, pérdida o separación: lecciones diseñadas para guiarnos de regreso al amor interior. Si buscamos fortaleza desde un lugar de sentirnos débiles, surgen desafíos para ayudarnos a redescubrir nuestro poder interno.

Cuando abrazamos ambos lados de la dualidad como igualmente significativos, la lucha interna se disuelve. El juicio da paso a la aceptación y emerge una profunda sensación de paz. El peso de la culpa, el arrepentimiento y la autoacusación se suaviza, dejando espacio a la liberadora comprensión de que cada experiencia —ya sea de luz u oscuridad— ha desempeñado un papel en nuestro crecimiento.

La gratitud tanto por la oscuridad como por la luz nos libera. Cuando nos aceptamos plenamente, extendemos de manera natural esa aceptación a los demás. Y cuando la guerra dentro de nosotros termina, también termina la guerra fuera de nosotros.

La Ansiedad se convierte en Dicha

Siento tensión todo el tiempo—
mis hombros, mi mandíbula, mi cuello.
Es una tensión de fondo,
siempre vibrando bajo la superficie,
cuyo origen no logro comprender del todo.
Simplemente existe en mí,
desgastándome en silencio
sin una razón clara.

No hay una amenaza inmediata,
no hay un peligro que pueda señalar—
y sin embargo, mi cuerpo cuenta otra historia.
Y sé que, si no lo enfrento ahora,
me iré desmoronando lentamente bajo su peso.
No quiero vivir con esta tensión constante
apretándome,
dejándome exhausto,
drenando mi energía vital
gota a gota,
día tras día.

Yo: Te siento, Ansiedad.
Eres una parte de mí,
pero no eres yo.
Hablemos.
Ansiedad, ¿por qué te sientes así?

Ansiedad: Tengo miedo.
Miedo de que, en el fondo, esté roto.
Desconectado de mi poder, de mi paz.
Siento que no puedo cuidarme solo.
¿Y si no tengo suficiente dinero?
¿Y si me enfermo—tan gravemente
que no pueda sostenerme a mí
ni a mi familia?
¿Y si mi gobierno decide ir a la guerra?
Me siento como una víctima.
No me siento seguro.

Yo: Tu Niño Interior no se siente a salvo.
¿Fuiste abandonado emocionalmente cuando tenías 3 años?
¿Te dijeron de mil formas que había algo mal en ti?
Recría a tu dulce niño interior.
Conviértete en su madre y su padre.
Susúrrale suavemente a tu corazón inocente:
Estás a salvo conmigo. Yo me encargo de ti ahora.

Te amo tal como eres. Siempre estaré aquí.
No tienes que fingir ser alguien más
para cumplir expectativas ajenas.
Te amo exactamente como eres.
No puedes ser alguien que no eres,
por mucho que lo intentes.

Solo te harás daño
intentando romper lo que ya es perfecto.
Acéptate incondicionalmente.
Eres un hijo precioso de Dios.
¿Cómo te sientes ahora?

Ansiedad: Mejor. Me siento más seguro.
Pero mi mente... ¡me vuelve loco con pensamientos negativos!

Tantos "¿y si...?" zumban de fondo en mi mente...
Me aterra no tener control,
me aferro a todo,
incluso al pasado,
porque así intento crear seguridad.

Para mí, perder el control se siente como morir.
Estoy intentando resolver un problema
con infinitas variables desconocidas.
Mi mente de supervivencia calcula sin parar—
qué podría salir mal,
cómo evitarlo.

Como una computadora que corre eternamente,
día y noche, intentando resolver
la ecuación insoluble de la Vida.
Ni siquiera puedo dormir bien.

Yo: Oh, mi pobre mente—
con razón no puedes descansar.
Has estado haciendo un trabajo
que nunca fue tuyo.
Tu función, querida mente de supervivencia,
es simplemente percibir el ahora.
Donde habitas en la facilidad y la dicha
es en este momento presente infinito.
Retírate del pasado pegajoso,
de los futuros posibles y turbios.

Recuerda—
tanto el pasado como el futuro
nacen aquí,
en este mismo instante.
Y solo aquí
encontrarás todo tu poder,
toda tu paz y tu Gracia.
Deja que tu pequeña mente de supervivencia
sea guiada por la mente infinitamente sabia de tu Alma.
Ella ve lo que tú no puedes.
Su perspectiva es vasta,
tan amplia como el cielo abierto,
mientras tú, pequeña mente,
miras a través de una cerradura.

Coloca tu mano sobre tu Corazón,
posa tu atención suavemente
en la coronilla de tu cabeza.
Siente los susurros suaves
del Alma expandiéndose,
como luz del sol sobre el agua.
En el silencio interior de la verdad.

El Buda interior despierta,
y las respuestas surgen desde lo profundo de tu ser
como el amanecer sobre las montañas.
Caminos invisibles se revelan,
creativos, nuevos, vivos.
La confianza regresa,
reemplazando los cálculos frenéticos
de tu mente cansada.
Has estado cargando
lo que nunca fue tuyo cargar.
Por eso estás tan agotado.

Has intentado ver con la mente,
a tientas en la oscuridad,
asustado y solo,
lo que solo puede verse con el corazón.
A través de tus sensaciones—
sigue la chispa
de aquello que más te entusiasma **ahora**.
Esa es la dirección.
Ese es el camino.
Confía en el proceso de la Vida.

Ansiedad: Tiene sentido.
Entonces,... ¿confiar en el flujo?
¿Pero y si me lleva en la dirección equivocada?

Yo: El flujo de tu Alma siempre te lleva
por el camino más fácil y mejor
hacia los deseos de tu Alma.
Aquello que tu Alma desea—
¿acaso tú no lo deseas también?
Después de todo, ¿no eres tú mismo el Alma?

Ansiedad: ¿Y si mi mente se resiste o siente miedo?
Susurra: "¿Y si algo sale mal?"

Yo: Así manejo todos esos "¿y si...?" negativos:
le digo a mi mente que pregunte en cambio:
"¿Y si algo sale maravillosamente bien?"
"¿Y si la magia se despliega?"
"Siento curiosidad".

Cada vez que me entrega un "¿y si?" negativo,
lo contrarresto de inmediato con tres positivos—
para neutralizarlo, para cambiar la energía.
Entreno a mi mente a pensar a mi favor.
Sí, la mente ha sido condicionada por miles de años
programada para buscar peligro, evitar riesgos.
Pero los tiempos han cambiado.

Ahora no soy una víctima, soy el Creador.
No elijo entre lo que me dan, yo creo lo mío.
No compito, no lucho por recursos.
Creo lo que quiero.
Mis recursos son infinitos,
porque yo soy infinito.
Un Único Creador Infinito.
Y si mi mente es tan poderosa,
¿por qué no entrenarla para esperar lo mejor?
No hay ningún daño en eso... ¿no crees?

Ansiedad: Sí, es verdad.
Otra pregunta: no solo estoy en la mente,
también estoy en el Cuerpo.
¿Cómo lidio con esta tensión constante
que vive en mí, apretada y pesada,
haciéndome sentir físicamente mal?
¿Cómo sano mi sistema nervioso?

Yo: Las sensaciones son el lenguaje del cuerpo.
Aprende a escuchar.
Observa qué pensamientos se sienten livianos, expansivos, libres en tu cuerpo,
y cuáles aprietan tu pecho,
tensan tu mandíbula, tus hombros.

Prueba este ejercicio ahora mismo:
piensa un pensamiento como:
"No soy suficiente",
o "Nunca tengo suficiente dinero",
o "No estoy a salvo".

Pausa...

Siente qué ocurre en tu cuerpo.
¿Dónde se contrae?
¿Dónde duele?
Nota cómo el cuerpo responde instantáneamente
a los susurros de la mente.
Así comienzas a comprender—
qué pensamientos te nutren
y cuáles te drenan.

Ansiedad: Cuando pienso "No soy suficiente",
lo siento—
una pesadez se posa en mi pecho,
apretada, dolorosa,
como un peso presionando mi corazón.

Cuando pienso
"Nunca tengo suficiente dinero"
o "No estoy a salvo",
mis hombros se encogen,
mi cuello se tensa,
como si necesitara protegerme,
esconderme de una amenaza invisible.

Mi cuerpo habla con tanta claridad—
carga el peso de mis pensamientos.
Cada pensamiento deja su marca.

Ahora lo sé:
para deshacer la tensión corporal,
primero debo cambiar mis pensamientos.

Yo: Todos esos pensamientos negativos,
repitiéndose como un disco rayado
en el fondo de tu mente—
son el peso detrás de tu tensión crónica.
Las personas que los piensan durante años,
durante décadas,
a menudo descubren que la tensión se solidifica
en enfermedad crónica.

El miedo crónico,
no atendido, no sentido,
es lo que enferma al cuerpo.
Pero la cura—
para toda enfermedad, para todo dolor,
para cada lugar tenso y tembloroso—
es el Amor.

El Amor es la medicina
que suaviza la mente,
relaja el cuerpo,
expande la contracción,
abre la rigidez.
Le recuerda a cada célula
que es seguro volver a respirar.
Así que escucho la tensión,
los susurros de mi cuerpo.

Pregunto: Tensión, ¿por qué estás tensa?
¿De qué tienes miedo?
Y luego, suavemente, ofrezco algo nuevo.
Un pensamiento más amable.
Una creencia más gentil.

En lugar de "No soy suficiente",
pruebo: "Estoy aprendiendo, creciendo—
y eso es suficiente por hoy".
En lugar de "Nunca tengo suficiente dinero",
susurro: "La Vida siempre me provee,
de formas que quizá aún no veo".
En lugar de "No estoy a salvo",
respiro: "Ahora mismo, estoy a salvo.

Mi respiración, mi cuerpo—
aquí, fuertes, presentes".
Siento el cambio,
un ablandamiento en el pecho,
un derretirse en los hombros,
mi cuello aprendiendo a soltar.
Mi cuerpo sigue a mis pensamientos,
y mis pensamientos son míos para elegir.

Uno por uno,
elijo la paz.
Ahora, prueba pensar pensamientos como:
"Siempre estoy a salvo".
"Siempre tengo suficiente dinero para todo lo que quiero".
"Soy perfecto tal como soy".
¿Cómo se sienten estas formas-pensamiento en tu cuerpo?

Ansiedad: Se sienten como alegría, como expansión.
Mi cuerpo se relaja. Respiro más profundo.
La tensión se derrite.
Todo mi cuerpo se siente bien—liviano, abierto, libre.

Yo: El cuerpo, por naturaleza, siempre se siente bien.
Es la mente no entrenada la que le inflige dolor.
Pero si enfocas toda tu atención en el cuerpo—
simplemente sintiendo tus sensaciones—
el cuerpo guiará a tu mente
de vuelta al momento presente.
Cuando la mente deja de correr caóticamente,
encontrarás la paz y la sabiduría
reposando en silencio interior.

Puedes sentir mucho más
cuando dejas de vivir en modo supervivencia
y te sientas en quietud,
escuchando tu respiración,
el fluir de la vida
en tus pulmones.

Sintiendo la brisa en tu piel,
el aroma de una flor,
el sabor del té,
un toque suave
que resuena profundo en tu corazón.
Tu conciencia infinita habita en la quietud,
y te guiará
a la perfección en todo,
donde encuentras tu **dicha**.
Entonces dime ahora,
Ansiedad—
¿quién eres?

Ansiedad:
Cuando estoy aquí y ahora,
siento Dicha.

Yo soy Dicha.

La Sospecha se convierte en Confianza

Yo: ¿Puedo confiar en ellos?

Sospecha: ¿Cómo puedo confiar en ellos?
¿Cómo sé
que realmente tienen los mejores intereses en el corazón?
Tal vez solo se están cuidando a sí mismos.
Tal vez muestran interés en mí
solo porque les conviene.
¿Y si solo me están usando?

No puedo confiar en nadie en ningún proyecto,
porque las personas siempre hacen las cosas
a su manera—
no de la forma en que yo las haría.
Arruinan las cosas,
cometen errores.
Tarde o temprano,
me traicionarán de alguna forma.

Especialmente aquellos
en quienes más confío,
los más cercanos a mí—
son los que pueden herirme más profundamente.

Mi familia, amantes, amigos, empleados,
mi gobierno,
incluso el cajero del banco—
nadie es completamente confiable,
porque nadie es perfecto.
Así que permanezco en alerta constante,
manteniendo una distancia segura.
Porque tarde o temprano
habrá un cambio de corazón.
El amor se desvanecerá,
las promesas se romperán,
y lo único que quedará será el dolor.
Estoy condenado a estar siempre solo,
en lo más profundo de mi corazón,
siempre sospechando lo peor...

Yo: Suena a que cargas una herida de abandono...
Vivir en separación constante es agotador, ¿verdad?
Siempre esperando el momento en que alguien se vaya.
Siempre preparándote para el dolor.
Ese anhelo de soledad que yace debajo de todo.
Pero déjame preguntarte algo...
¿Y Dios?
¿Confías en que Dios nunca se aparta de tu lado?

Sospecha: ¿Cuántas oraciones quedaron sin respuesta?
¿Cuántos gritos cayeron en el silencio?
¿Y por qué tanta oscuridad recorre la Tierra?
¿Cómo puede Dios permitir tanto sufrimiento?
¿Dónde está la misericordia en todo este dolor?
¿Dónde está la justicia cuando los inocentes sangran?

Yo: Está bien, siento tu miedo y tu agonía.
Probemos mirar esto desde otra perspectiva:
sabiendo que todos somos Uno,
que cada persona es simplemente tu Otro Yo—
la verdadera pregunta se vuelve:
¿confías en ti mismo?

Sospecha: ...¿Confío en mí mismo?
Buena pregunta. No lo sé...
Ahora que lo pienso... ni siquiera confío en mí.
He roto mis propias promesas
más veces de las que puedo contar.
Me he abandonado a mí misma
una y otra vez.

Yo: Cuando miras al Espejo de este Mundo,
no ves nada más que el reflejo de tu reino interior—
devuelto a ti a través de personas, objetos y eventos.
Si has abandonado tu verdad interior
por el bien de un sueño que no era realmente tuyo,
esa desconexión resonará de vuelta hacia ti,
multiplicada, innegable.

Así que vuelve tu mirada hacia adentro.
Obsérvate con honestidad.
Redescubre los sueños que eran auténticamente tuyos.
¿Qué es eso que realmente querías?
¿Qué DESEAS tú de verdad
sin tomar a nadie más en consideración?
Cuando el deseo nace de tu propia Alma,
el flujo te lleva allí sin esfuerzo.

Cuando es impulsado por el corazón,
el camino se llena de
extraños que se sienten más cercanos que la piel,
almas afines que caminan a tu lado,
como tus otros Yo.
Personas devotas en amor—
apoyándote simplemente por existir,
sin otra razón
que la alegría de dar
que desborda sus corazones.

Tu familia del alma:
padres, hijos, maestros, amigos, estudiantes de la vida,
revelando siempre lo mejor y lo peor en ti.
Confía en tu visión.
Confía en tu luz.

Y tus otros yo—
reflejados en sus ojos—
te devolverán esa confianza.
Simplemente sigue tu inspiración y tu amor,
sin sobrepensar,
sintiendo el camino en lugar de analizarlo,
y encontrarás una conexión profunda.
Conoce esta verdad:
las personas correctas estarán allí
exactamente cuando las necesites—
en total devoción,
sin otra razón que el amor.
Porque todos ellos eres Tú.
¿Cómo puede existir la soledad
cuando solo hay Unidad?
La separación es solo una ilusión del Ego,
un contraste útil,
pero nunca real en el núcleo.

Confiar en ti mismo
es la única misión que alguna vez necesitas completar.
Y aquí está la clave:
nunca puedes perderte de verdad,
no importa cuán lejos vagues.
Puede que te sientas perdido,
solo para encontrarte de nuevo—
más sabio, más suave, más fuerte,
viendo tu nueva luz
desde una perspectiva fresca.

Es un gran juego de las escondidas
que el Creador juega consigo mismo,
como nosotros, a través de nosotros.
Cada experiencia posible,
elegida por nosotros,
por la alegría de explorar.
Somos el Dios colectivo,
explorando cada faceta del Infinito.
Sabiendo esto—
¿a quién queda no confiar?

Sospecha: Si no hay nada más que yo,
manifestándose en una infinidad de formas—
eso me da una perspectiva completamente diferente
de este mundo… y de mí mismo.

Yo: ¿Cuál es tu transformación, Sospecha?

Sospecha: Cuando vi que todo es Yo,
reflejado infinitamente,
mis muros se derrumbaron.
Me transformé en confianza,
y luego me fundí en paz.
Ahora, simplemente Soy Saber.

Veo que no existe el "otro", solo reflejos de mí.
Ya no necesito defenderme.
Me inclino hacia adelante, curioso—
"¿Qué parte de mí es esta?"
Poco a poco me disuelvo.
Me convierto en confianza.
Me abro. Me relajo.
Porque comprendo:
nunca hubo nadie que me traicionara.
Solo yo, reencontrándome conmigo mismo.
Más allá de la confianza—
una serenidad nacida del conocimiento de la Unida

Yo soy Confianza

La travesía del Héroe

Soy un Hombre, un Esposo, un Padre.
Soy la encarnación del Masculino Divino—
Proveedor, protector,
Una montaña que resguarda el valle en paz
Donde juegan mis hijos.

Pero en lo profundo, una sombra persiste.
Una duda. Un miedo: ¿Soy suficiente como Hombre?
¿Como esposo, como padre, como héroe?
Esta pregunta insistente, esta batalla interna,
Amenaza con desmoronarme desde dentro,
Como una podredumbre que avanza por el duramen de un roble poderoso.

¿Cómo enfrento esta debilidad de la duda,
Esta debilidad que se siente tan parte de mí como mi propia sangre?
¿Está grabada en mi alma?
¿Puede ser vencida, o estoy destinado a cargar con este peso para siempre?

Esta duda, este susurro implacable,
Me hace cuestionar mi fortaleza.
Y al cuestionarla,
Siento que mi poder flaquea—una profecía que se cumple a sí misma.
Me encuentro en una encrucijada.
Debo encontrar la forma de conquistar esta oscuridad interior,
O me consumirá.
Fallaré a mi familia, a mis hijos, a mis ancestros y a mí mismo.
La resolución debe aparecer.
Mi honor, mi propia esencia, lo exige.

Héroe: Miedo, te veo. Hablemos.
¿De qué tienes miedo?

Miedo: Tengo miedo de no poder dar lo suficiente.
A las personas que amo.
A quienes dependen de mí.
De no estar haciendo lo suficiente, de no ser lo bastante fuerte.

Héroe: ¿Por qué crees eso?

Miedo: Porque siempre hay más por hacer—
Más por lograr.
Más tiempo, más energía, más amor.
Siempre falta algo.
¿Y si no puedo darles todo lo que necesitan?
¿Y si no doy la talla?

Héroe: Pero ¿es verdad que no puedes dar lo suficiente?
¿Eres suficiente?

Miedo: No, siento que no soy suficiente.
Siento esta presión constante.
A veces siento que estoy fallando—
Fallando a quienes amo, fallándome a mí mismo.
Tal vez podría dar más, ser más fuerte,
Pero no sé cómo.

Héroe: Tú eres la encarnación de la fuerza,
El ancla de esta creación.
Solo por existir, por estar conectado a la Fuente,
Eres infinitamente poderoso.
Quizás es la desconexión de la Fuente lo que te hace sentir débil.
Porque existen fuerzas que, durante eones, han buscado cortar ese vínculo,
Y continúan su labor incluso ahora.
La batalla es real.

Por eso, vístete con la armadura de diamante
De la más alta vibración de la virtud.
No caigas en las tentaciones de la gratificación instantánea
Ni en las recompensas efímeras—
Esas son las trampas de la oscuridad.
Las conoces bien.
No siempre aparecen en campos de batalla abiertos.
Se esconden en tus propias sombras.
Mira allí.

Porque es en las sombras donde espera el verdadero enemigo—
El que te debilita,
El que te hace dudar de tu propio valor y poder.
Su trabajo es sutil y refinado.
Son maestros de la manipulación,
Torciendo tu instinto de protección
Hasta convertirlo en un arma contra ti mismo.
No permitas que te separen
De tu fuerza,
De tu familia,
De los lazos vivos de tu corazón.

Vuelve la mirada hacia dentro.
Entrega tu amor a personas reales,
No a ideologías vacías.
Y recuerda esto:
Eres un hijo de Dios.

Existes—y eso, por sí solo, es suficiente.
Regresa a la montaña de paz que vive en ti.
Permanece en tu amor.
Permanece en tu poder.
Y mantente presente.

Miedo: ¿Puedo realmente conectar con mi poder?
¿Y si no puedo? Mi olvido es profundo.

Héroe: Recordarás. En cada instante del Ahora.
Estar presente es el regalo más poderoso que puedes ofrecer.
Cuando te esfuerzas por ser la mejor versión de ti mismo,
Les muestras a tus hijos qué es la verdadera fortaleza—
No perfección, sino crecimiento, resiliencia y potencial infinito.
Les enseñas que el progreso es posible y que nunca termina.

A tus hijas les muestras
Cómo se ve el amor incondicional de un hombre—
Amándolas, amando a su madre,
Y permaneciendo firme y auténtico.
Presente, plena y completamente, con todo tu corazón.
En cada momento se despliega tu expresión más elevada.

Miedo: El mundo exige demasiado.
Siempre hay algo más que lograr, algo más que demostrar.
¿Cómo puedo estar seguro de cumplir mi promesa hacia ellos?

Héroe: Tu valor no proviene
De marcar casillas ni de cumplir expectativas.
Tu valor es inherente.
Cada día que encuentras más luz en tu interior,
Te conviertes en un faro de luz.
Haces de este mundo un lugar mejor para todos.
Ya no compras la carrera del miedo.

Ahora simplemente sabes lo que quieres,
Como Creador de tu Realidad.
No hay competencia, no hay escasez de recursos.
No luchas por quitarle algo a otros,
Simplemente creas lo tuyo con la confianza de un Mago.
Eres el Maestro Creador.

Cuando estás alineado con la Fuente
Y permites que ese poder infinito irradie a través de ti,
Te conviertes en un recipiente de entrega ilimitada—sin esfuerzo, eterna y pura.

Como el Sol, firme en su brillo,
Ofreces tu luz y tu amor incondicionalmente.
Eres la encarnación del Masculino Divino,
Anclado profundamente en tu centro.
Lo entregas todo, como una estrella ardiente,
Sin vacilación, sin miedo, sin contenerte.

Porque dentro de ti fluye un manantial infinito de paz y amor,
Una fuerza inquebrantable impulsada por lo Divino.
Sé que esto es verdad,
Porque no es algo separado de ti—eres tú.
Es tu esencia, tu propósito, tu verdad.

Miedo: Ahora recuerdo... recuerdo quién era antes de convertirme en miedo.
Pero ¿y si lo olvido? ¿Y si regreso?

Héroe: Entonces nos encontraremos de nuevo.
Y te recordaré que en cada momento soy suficiente.
Que el crecimiento es infinito y que siempre estoy dando
Simplemente por mantenerme en mi verdad,
Por habitar mi centro,
Por irradiar mi amor.

Cuando regreses, nos enfrentaremos juntos.
Y juntos nos elevaremos, transformando tu presencia
De nuevo en energía pura y poder.
No te temo, Miedo. Ya no.
La luz de la verdad disipa toda sombra;
Los demonios no tienen dónde esconderse.

Miedo: Gracias por escucharme.
En este momento, siento que estoy cambiando.
Estoy emergiendo como Paz.
Soy Poder.
Soy Inspiración.
Soy Pasión.
Ahora recuerdo mi fuente.
Mi fuente es el Amor.

Héroe: Gracias a ti, Miedo.
Ahora somos aliados.
Juntos seguiremos creciendo—
Hacia una paz más profunda, un poder más vasto y un amor sin límites.
Y mientras crecemos, llevamos estos dones al mundo.
Gracias por el papel que juegas en mi camino.
Sin ti, no sería el hombre que soy hoy. Me has servido bien.

La Conversación continúa...

Conversación 1: El Primer Encuentro

Yo:
Miedo, ¿por qué me sigues como una sombra y creces?
¿Qué te hace aferrarte, negándote a soltarme?

Miedo:
Nací de lo desconocido,
De los rincones oscuros donde la luz nunca ha brillado.
No me aferro a ti, sino a lo que no ves,
Soy guardián de los bordes, donde debería habitar la certeza.

Yo:
Pero ¿qué hay dentro de ese espacio oscurecido?
¿Qué proteges con tanta gracia ferviente?

Miedo:
Protejo lo frágil, los sueños que no persigues,
Los caminos no tomados, el ser que nunca conociste.
Temo a la pérdida, a lo que quedó sin hacer,
A las batallas no libradas, a las carreras que nunca corriste.

Conversación 2: La Máscara de la Vulnerabilidad

Yo:
Miedo, llevas una máscara tan severa y sombría,
pero ¿qué hay debajo y oculto en tu interior?

Miedo:
Bajo la máscara, tiemblo y me estremezco,
temo los riesgos que quizá no te atrevas a tomar.
Soy la voz que susurra dudas,
temo que olvides de qué se trata la vida.

Yo:
¿Temes el final, el último aliento?
¿O es el viaje lo que te llena de muerte?

Miedo:
Temo el silencio que sigue a un grito,
el fin de una esperanza, la muerte de un sueño.
Temo los momentos en que te quedas solo,
temiendo descubrir que tu corazón se ha vuelto de piedra

Conversación 3: La Ilusión del Control

Yo:
Miedo, aprietas con fuerza y te niegas a soltar,
¿qué es lo que temes que rompa tu paz?

Miedo:
Temo el caos que la libertad pueda traer,
la pérdida de control, el vaivén salvaje de lo desconocido.
Temo que se deshaga lo que con tanto cuidado fue tejido,
la rendición al destino, la carrera que nunca se corrió.

Yo:
¿Y si el control fuera la mayor ilusión?
¿Y si la rendición condujera a la inclusión?

Miedo:
Entonces temo soltar, confiar en el fluir,
porque en esa entrega... ¿qué llegaré a saber?
Temo el vacío, lo hueco, el espacio,
donde todo es incierto y nada tiene lugar.

Conversación 4: El Peso del Juicio

Yo:
Miedo, tiemblas bajo el peso de la mirada,
¿qué es lo que temes en la luz brillante y despiadada?

Miedo:
Temo la mirada de los otros, el juicio, el desprecio,
temo que en sus ojos sea desgarrado.
Temo el rechazo, la pérdida de dignidad,
temo ser expulsado de la raza humana.

Yo:
Pero el juicio es pasajero, como una sombra al mediodía,
¿por qué temes entonces el ascenso de la luna?

Miedo:
Porque a la luz de la luna todo queda revelado,
las verdades que escondes, las heridas no sanadas.
Temo la exposición, el alma desnuda,
temo que en esa luz... pierda el control.

Conversación 5: La Revelación Final

Yo:
Miedo, hemos hablado largo, y he venido a ver,
¿qué es lo que realmente temes en mí?

Miedo:
Temo tu fuerza, el poder que llevas dentro,
temo que en tu luz yo me vuelva pequeño.
Temo tu coraje, el fuego en tu mirar,
temo que descubras la verdad disfrazada.

Yo:
Pero yo soy tú, y tú eres yo,
juntos somos completos, ¿no lo ves?

Miedo:
Ahora lo veo: en ti yo pertenezco,
no como una prisión, sino como un canto.
Pues en tu abrazo encuentro mi lugar,
ya sin miedo, me muestro tal cual soy.

Conversación 7: El Abrazo del Miedo

Yo:
Miedo, si te abrazo, ¿permanecerás?
¿O te disolverás como la lluvia al amanecer?

Miedo:
En tu abrazo cambiaré de forma,
ya no seré tormenta, sino calma tibia.
Te guiaré suavemente, como un susurro, como una brisa,
ya no seré la fuerza que te hace caer de rodillas.

Yo:
Entonces caminemos, mano a mano,
juntos enfrentaremos estas arenas cambiantes.

Miedo:
Y en ese viaje encontrarás tu camino,
conmigo como guía, no como una sombra gris.
Porque en cada paso crecerás y aprenderás
que el miedo es el fuego en el que te transformas.

Conversación 8: El Silencio de la Comprensión

Yo:
Miedo, ahora que hemos hablado, ¿qué queda?
¿Qué temes en estas llanuras silenciosas?

Miedo:
Ya no temo nada, porque he sido visto.
En tus ojos ya no soy cruel.
He soltado mi peso, mi manto pesado;
ahora soy solo una chispa, un roce suave.

Yo:
Entonces seamos, en este espacio silencioso,
sin nada que temer, solo para abrazar.

Miedo:
En este silencio encuentro mi paz,
porque en tu corazón hallo liberación.
Ya no temeroso, ya no dividido,
en tu amor, renazco—
como Amor y Paz.

Prácticas de Trasmutación del Miedo

Inteligencia Emocional

Las emociones actúan como guías precisas, revelando si nuestros pensamientos y creencias están alineados con nuestra verdad interior. Al sintonizar con tus emociones y desarrollar inteligencia emocional, puedes descubrir creencias falsas y transformarlas en otras que estén en coherencia con tu yo auténtico. Abraza este viaje de autodescubrimiento y disfruta el proceso de realinearte con tu verdadera naturaleza.

Entabla conversaciones honestas, de corazón a corazón, con tus antiguos patrones y programas mentales. Reconócelos, comparte tu nueva perspectiva y guíalos con suavidad de regreso a su energía de origen: la vibración pura y eterna del amor. Después de todo, el amor es el fundamento de toda la existencia.

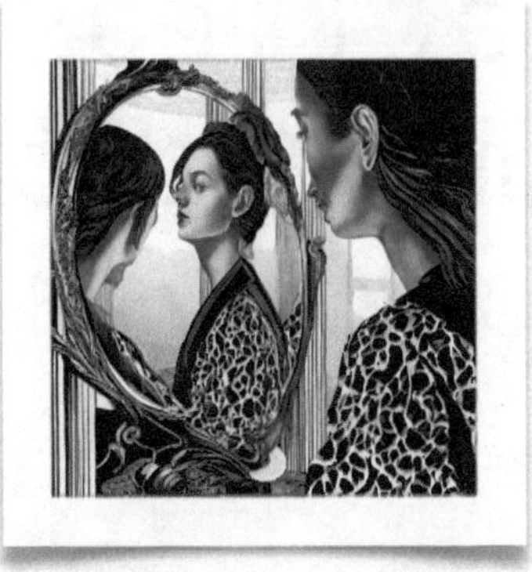

El Método del Espejo

El **Método del Espejo** es una de las técnicas más poderosas y fáciles de usar para volverte consciente de los patrones mentales profundos que moldean tu vida. Este método se basa en una premisa simple pero profunda: **tu mundo es un espejo de tu mente consciente y subconsciente**.

Mientras puedes controlar tus pensamientos conscientes, es tu mente subconsciente —la parte que opera fuera de tu conciencia— la que moldea silenciosamente tu realidad, influyendo en todo: desde la salud hasta las relaciones, desde la riqueza hasta el bienestar. Ella crea tanto abundancia como escasez, conexión y separación, vitalidad y enfermedad.

Las personas que te rodean, especialmente las más cercanas —padres, hijos, parejas, amantes— son tus espejos más poderosos, reflejando tus creencias más profundas y tus patrones emocionales. En lugar de luchar por cambiarlos a ellos y a tu propio reflejo en el espejo, aprende a **cambiarte a ti**, ¡que es quien está siendo reflejado!

El Método del Espejo te enseña a transformar tu mundo interior y, así, cambiar el reflejo en el espejo de tu realidad externa. Recuerda esta ley universal: **«Como es adentro, es afuera»**. En otras palabras, tú eres el creador de tu paisaje interior, que se proyecta hacia afuera como tu realidad personal. Esta verdad simple está siendo cada vez más aceptada a medida que las personas despiertan a su capacidad de crear su propia realidad y asumir plena responsabilidad por sus vidas.

Comprender esto te saca de la mentalidad de víctima impotente y movida por el miedo, y te coloca en el rol de **creador consciente**, recuperando tu poder divino de libre albedrío.
Por supuesto, la mente subconsciente es difícil de observar directamente —después de todo, es inconsciente—. Pero al observar los reflejos en tu mundo, obtienes acceso a ella.

Enseño este método en profundidad en el curso en video **El Método del Espejo**, que puedes encontrar a través del enlace en la descripción de mis redes sociales.

Aquí tienes una forma simple pero poderosa de aplicar el Método del Espejo en la vida diaria:
Cada vez que alguien te detone emocionalmente, recuerda: **está actuando como un espejo**, reflejando algo que vive dentro de ti. Usa esta fórmula para identificar y reescribir el programa subyacente en tu mente:

Ejemplo:
«Él es un mentiroso».
Ahora, gira el espejo hacia ti: **«Yo soy un mentiroso»**.
«¿Me he mentido alguna vez a mí mismo o a otros?»
Si la respuesta es sí, reconócelo. Si ese rasgo no existiera dentro de ti, no se manifestaría en tu realidad externa.

Ahora, reprograma el patrón:
«Siempre digo la verdad. Veo la verdad. Admito la verdad. Acepto la verdad. Soy la verdad. Soy honesto conmigo mismo y con los demás».
Luego, encarna esta nueva creencia a través de la acción. Alinea tus palabras y comportamientos con la integridad y observa los cambios a tu alrededor. En poco tiempo, la persona que antes reflejaba tu propia deshonestidad **se transformará... o desaparecerá completamente de tu vida**.

Cuando seas testigo de incluso el cambio más pequeño en tu vida como resultado de tu transformación interior, te darás cuenta de que **eres un creador de milagros**. No tomes mi palabra por ello: ¡descúbrelo por ti mismo!

Ejercicio "Y si..."

Mira tu vida: ¿cuántas veces te has detenido de perseguir tus sueños o de hacer algo grande y emocionante por pensamientos como: *"¿Y si es una idea estúpida?", "¿Y si fracaso?"* o *"¿Y si pierdo?"*?
El factor **"¿Y si...?"** es un programa de supervivencia implacable, un maestro de la duda que te encadena a la mediocridad, asfixiando la creatividad, la emoción y la vida que viniste a vivir. Aquí te muestro cómo romper su control y recuperar tu poder:

Desactivar los "¿Y si...?"

1. Divide una hoja en dos columnas.
2. En la primera columna, escribe todas tus preocupaciones que comiencen con **"¿Y si...?"**.
3. En la columna de al lado, escribe **5 o más "¿Y si...?" positivos** por cada uno negativo.

Este ejercicio reprograma tu mente para esperar el éxito en lugar de temer al fracaso. Recuerda: **manifestamos aquello en lo que creemos**. Así que reentrenemos tu mente de supervivencia para que se alinee con los deseos más profundos de tu alma. Cuando estas dos fuerzas trabajan en armonía, ¡los milagros se vuelven inevitables!
Utiliza esta práctica sencilla cada vez que la negatividad y la duda susurren en tu oído.

Ejemplo:

Y si...	
¿Y si pierdo? *(Gracias por intentar protegerme, pero estoy listo para volar. El viejo caparazón ya es demasiado pequeño para mí. Ahora me permito crecer.)*	1. ¿Y si gano? 2. ¿Y si cuando "pierdo" se abre una nueva oportunidad y gano de una manera mucho mejor? 3. ¿Y si al final todo resulta perfectamente para mí? 4. ¿Y si logro más de lo que jamás imaginé? 5. ¿Y si esta experiencia me hace más fuerte y sabio?

Usa tu imaginación y creatividad—**siéntelas de verdad en tu corazón**. Permite que su energía te entusiasme y te libere. Enfócate en las emociones que despiertan mientras las pronuncias.

Si te quedas bloqueado y no logras encontrar al menos cinco, puedes usar ChatGPT como inspiración. Sin embargo, haz de esto una práctica para **entrenar tu mente a pensar en una dirección positiva**. Involucra plenamente tu imaginación—siente la verdad de estas afirmaciones en tu corazón y en tu cuerpo.

Nota: No niegues, combatas ni reprimas los programas y emociones negativas. En su lugar, míralos, reconócelos y agradéceles por su intento de protegerte. Luego, recuérdales suavemente que estás en un camino de expansión y que ya no necesitas sus servicios limitantes.
Sostén gratitud y ternura por los miedos de tu **Niño Interior**. Sé amable contigo mismo.

Ahora, pruébalo tú mismo en este libro o en un cuaderno aparte.

¿Y si...?	1 2 3 4 5
¿Y si...?	1 2 3 4 5

El Diálogo interno con tu Miedo

Comprende el miedo como un mecanismo de protección, no como un enemigo, y guíalo hacia expresiones más saludables. Tal como se hace en este libro, ten una conversación profunda y significativa con tu Miedo. Cada vez que surjan emociones negativas basadas en el miedo —como la preocupación, la ira o la tristeza— sigue estos pasos:

1. Siéntelo
Permítete experimentar plenamente la emoción, sin resistirte a ella.

2. Reconócelo
Acepta la emoción tal como es, sin juicio.

3. Personifica la emoción y conversa con ella
Hazle preguntas simples y directas:

- "Preocupación, ¿qué es lo que te preocupa?"
- "Tristeza, ¿de qué estás triste?"

4. Silencia tu mente y escucha
Aquieta tus pensamientos y permite que el programa negativo detrás de la emoción revele su verdad central. A menudo descubrirás que esta "verdad" es una mentira que aprendiste y creíste en la infancia. Esta es tu oportunidad para desmantelar esa mentira y reemplazarla por una creencia positiva.

- Las creencias positivas alineadas con tu ser interior se sienten como amor, alegría, felicidad y libertad.
- Las creencias negativas se sienten pesadas, tristes, limitantes, temerosas o dolorosas.

Esta distinción emocional te ayuda a discernir entre la verdad y la falsedad.

Recordatorio importante:
Nunca reprimas ni evites tus emociones negativas. Reprimirlas solo asegura que regresen, a menudo con más fuerza, hasta que el conflicto subyacente se resuelva. Las emociones negativas son mensajeras vitales que llaman a tu puerta: son catalizadores de cambio, crecimiento y evolución.

Consejo para principiantes:
Al comenzar tu práctica de trabajo con la sombra, realiza estos ejercicios por escrito. Escribir ayuda a enfocar tus pensamientos y te permite capturar detalles sutiles pero significativos durante tus reflexiones. A medida que ganes experiencia, puedes pasar a tener estas conversaciones de forma mental. Sin embargo, incluso en niveles avanzados, la escritura sigue siendo una herramienta poderosa para lograr claridad y una comprensión más profunda.

Escritura terapéutica: examina tus creencias centrales

En la carrera implacable de la vida, a menudo nos enfocamos en las pequeñas tareas cotidianas y perdemos de vista los principios fundamentales que dan forma y determinan la calidad de nuestra existencia. Tomarse el tiempo para reflexionar y actualizar tu sistema de creencias es como recalibrar un sistema de navegación. Si tu brújula interior no está alineada con la dirección de tu corazón y tu alma, corres el riesgo de vagar sin rumbo a través del vasto y complejo espacio de infinitas posibilidades.

La mente, como el "hacedor", está diseñada para observar y analizar lo que ocurre en el momento presente, pero no puede trazar de forma confiable el rumbo correcto para el propósito más profundo de tu vida. El corazón, en cambio, siempre señala el verdadero norte del viaje de tu alma. Al rastrear el origen de tus creencias y evaluar su veracidad, puedes ahorrar tiempo, evitar sufrimiento innecesario y alinear tu vida con tu yo auténtico.

Qué hacer:

1. **Identifica la insatisfacción**
   Comienza señalando las áreas de tu vida en las que te sientes infeliz o estancado/a. ¿Son tus finanzas? ¿Tus relaciones? ¿Tu carrera? ¿Tu salud? ¿Tu sentido de realización?

2. Escribe con propósito

Utiliza las siguientes preguntas para descubrir la raíz de tus creencias:

◦ ¿Cuáles son mis creencias centrales sobre el área de mi vida en la que más estoy luchando?

◦ ¿Cuándo aprendí esta creencia por primera vez? Intenta recordar experiencias de la infancia temprana y las emociones asociadas a esta creencia.

◦ ¿Quién me enseñó esta creencia? ¿La creé yo o me fue transmitida por alguien más (por ejemplo, familia, profesores, medios de comunicación)?

◦ ¿Era cierta esta creencia entonces y sigue siendo cierta ahora?

3.Crea un inventario de creencias

Haz una lista de todas las creencias negativas que has absorbido a lo largo del tiempo y organízalas por categorías: creencias sobre ti mismo/a, el mundo, el dinero, la salud, el envejecimiento, el amor, la familia, los roles de género, etc. Apóyate en los mensajes que has recibido de la familia, amistades, medios, sistemas educativos y narrativas culturales.

4.Transforma la negatividad en positividad

Escribe tu lista en formato de columnas. Para cada creencia negativa, crea al menos cinco afirmaciones positivas que contrarresten directamente y "desintegren" la antigua creencia limitante.

Por qué esto es importante:

La escritura consciente te ayuda a hacer visibles los programas mentales inconscientes y obsoletos que dirigen tu vida, y te da el poder de reescribir el guion. Alinear tus creencias con tu corazón y tu alma te permite navegar la vida con claridad y propósito, evitando desvíos innecesarios y dolor emocional. Utiliza esta práctica como un chequeo regular para asegurarte de que tus creencias te estén guiando hacia la vida que realmente deseas. A continuación, se presentan ejemplos de categorías comunes para guiarte en el proceso de transformación.

Creencias Negativas comunmente aceptadas por la Sociedad

Categoría: Dinero

¿Has escuchado estas frases antes?
¿Crees que alguna de ellas es verdadera?

- «Hay que trabajar duro para ganar dinero».
- «El dinero no crece en los árboles».
- «No estoy hecho/a de dinero».
- «Todo lo malo viene del dinero».
- «Si tienes mucho dinero, harás locuras».
- «Si tienes mucho dinero, la gente te envidiará e intentará quitártelo».
- «El dinero no compra la felicidad».
- «Nada en la vida es gratis».
- «La gente rica es egoísta o codiciosa».
- «Es mejor ser pobre y feliz que rico y miserable».

Reflexiona y profundiza

Tómate un tiempo para escribir y reflexionar sobre las creencias limitantes en torno al dinero que puedas haber heredado de tu familia o de la sociedad. Siéntate en silencio, medita y vuelve a recuerdos de la infancia, conversaciones o frases repetidas que hayas escuchado sobre el dinero. Escríbelas todas sin juicio ni censura.

Transforma las creencias limitantes

Para cada creencia negativa, escribe varias afirmaciones positivas que estén alineadas con tu verdad superior. Usa los siguientes ejemplos como guía:

1. **«Hay que trabajar duro para ganar dinero».**
   • Nueva creencia: «Atraigo el dinero con facilidad y alegría a través de mis dones y talentos naturales».
2. **«El dinero no crece en los árboles».**
   • «La abundancia está en todas partes y estoy abierto/a a recibirla en todas sus formas».
3. **«Todo lo malo viene del dinero».**
   • «El dinero es una herramienta neutral y elijo usarlo para el bien, para el amor y para generar un impacto positivo».
4. **«Si tienes mucho dinero, te volverás loco».**
   • «Con gran riqueza, obtengo la libertad de vivir auténticamente y crear una diferencia positiva en el mundo».
5. **«El dinero no compra la felicidad».**
   • «El dinero potencia mi felicidad al apoyar mi bienestar y permitirme compartir alegría y abundancia con otros».
6. **«Nada en la vida es gratis».**
   • «La vida está llena de bendiciones, oportunidades y regalos que fluyen hacia mí con facilidad y libertad».
7. **«La gente rica es egoísta o codiciosa».**
   • «Las personas ricas pueden ser generosas, amables y transformadoras. Yo soy una de ellas y uso mi abundancia para elevar a otros».
8. **«Es mejor ser pobre y feliz».**
   • «Puedo ser próspero/a, feliz y profundamente realizado/a. La felicidad y la abundancia coexisten de forma hermosa en mi vida».

Hazlo personal
Siéntete libre de escribir más de cinco afirmaciones positivas para cada creencia negativa. Adáptalas a tus experiencias y aspiraciones. Mientras escribes, permítete sentir profundamente el cambio de energía: observa lo liberadoras y expansivas que se sienten las creencias positivas en comparación con las limitantes.

Perdona y libera

Reconoce que quienes te transmitieron estas creencias negativas —padres, maestros, la sociedad— lo hicieron desde su propia comprensión limitada de la abundancia. Perdónalos con compasión, sabiendo que hicieron lo mejor que pudieron con lo que sabían. Al realizar este trabajo, te liberas y rompes ciclos generacionales.

Declara tu nueva realidad

Al final de tu sesión de escritura, escribe tu nombre y la fecha debajo de tus afirmaciones positivas. Este acto simboliza tu compromiso con tu nueva realidad.

Afirmación:

«Soy el creador de mi vida. Estas creencias me guían hacia una vida de abundancia, libertad y alegría. Estoy reescribiendo mi historia y abrazo las posibilidades ilimitadas que se abren ante mí».

Esta es tu nueva **Constitución**. Eres el héroe o la heroína, entrando en tu poder y creando una vida llena de abundancia, paz e inspiración.

A continuación, se muestra un ejemplo de cómo reescribir los programas mentales más persistentes, reemplazándolos por al menos cinco o más creencias positivas. Escribe desde la perspectiva de cómo deseas que sea tu nueva realidad, sin dejarte influir por cómo se ve actualmente. Escribe tantas afirmaciones como sea necesario hasta que *haga clic*.

El reflejo en el espejo de tu vida cambiará con el tiempo si te enfocas de manera constante en la realidad que deseas en lugar de distraerte con su estado actual. Ten paciencia y claridad sobre lo que quieres. Eres el creador de tu realidad: mantente en modo creador y resiste volver al modo víctima.

Sigue practicando y se volverá cada vez más fácil.

Permanece comprometido/a con tu visión.

Ahora estás moldeando activamente tu nueva vida.

Realiza este trabajo creativo en forma de **tabla o lista**, según el estilo que prefieras.

Creencias negativas en torno al dinero	Creencias positivas
Tengo que trabajar duro para tener dinero	1 **Hago lo que amo, así que nunca trabajo ni un solo día de mi vida.** 2 **Como disfruto mi trabajo, soy muy bueno/a en lo que hago y la gente me paga mucho dinero.** 3 **Mi trabajo es un proceso creativo impulsado por la inspiración.** 4 **Me encanta ayudar a las personas; mi trabajo me llena y le da propósito a mi vida.** 5 **No trabajo por dinero; estoy al servicio de las personas, y el dinero llega automáticamente.**

Creencia Negativo: Es difícil tener dinero

Afirmaciones positivas:

- **«La abundancia es mi derecho de nacimiento.»**
- **«El dinero fluye fácil y libremente hacia mi vida.»**
- **«Creo valor y la riqueza me sigue de manera natural.»**
- **«Mi mundo siempre provee para mí en todos los sentidos.»**
- **«Estoy abierto/a a recibir y a dar.»**

Escribe tus propias variaciones y experimenta verdaderamente la apertura, la libertad, la paz y la facilidad que la prosperidad trae a tu nueva vida. Imagina todas las cosas que deseas crear y lograr con el flujo del dinero. No te enfoques en el dinero en sí, sino en las experiencias y oportunidades que te permitirá vivir. Siéntete abundante y sumérgete en las emociones de gratitud y entusiasmo que acompañan a esta nueva realidad. Recuerda: conectar con estas emociones durante el proceso de creación es clave para manifestar la vida que deseas.

Categoría: Vida

¿Alguna vez has escuchado frases como estas? Estos son ejemplos de cómo **replantear esos dichos sociales tan arraigados y transformarlos en definiciones positivas**.

- **"La vida es dura."**

Sí, lo es para muchas personas.

- **Pero para mí:** mi vida es fácil. Amo mi vida. Mi vida es un regalo. Mi vida es una aventura. ¡Mi vida es divertida!

(Ahora es tu turno: ¿cómo quieres que sea tu vida?)

- **"La vida es una mierda."**

Mi vida es hermosa.

- **"La vida no es justa."**

El espejo de mi vida no miente. Es perfectamente justa. Sé cómo funciona y creo lo que quiero.

- **"Las cosas buenas nunca duran."**

Acepto el cambio. Cada contraste es un momento de claridad que me ayuda a crecer.

- **"Los buenos siempre pierden."**

Soy amable no solo con los demás, sino también conmigo mismo/a. Me amo y me respeto profundamente. No sacrifico mi bienestar por los demás; sirvo desde un lugar de equilibrio y autenticidad: esa es mi verdadera esencia. A cambio, recibo cien veces más, en alineación con la ley de la reciprocidad.

- **"El pasto siempre es más verde del otro lado."**

Amo el pasto de mi lado: es perfecto para mí. Siempre puedo hacerlo crecer de otra manera si así lo elijo.

- **"Ninguna buena acción queda sin castigo."**

Solo ofrezco ayuda cuando es solicitada, invitada y bienvenida. Mi bondad es recibida con gracia.

- **"La vida es solo un problema tras otro."**

La vida es una aventura emocionante tras otra y aprendo y crezco con cada experiencia.

Tómate un momento para reflexionar sobre las creencias negativas que hayas escuchado de tus padres, abuelos, tíos, profesores o incluso de personas al azar. Las creencias generacionales suelen tener raíces profundas y pueden moldear nuestra vida de forma inconsciente. Sumérgete en las profundidades de tu linaje y comienza a transformar todos los patrones de pensamiento basados en el miedo en otros que te empoderen.

Considera esto: a lo largo de 12 generaciones que abarcan unos 400 años, hicieron falta **4.094 ancestros** para que tú existieras. Ellos portaban un inmenso poder y amor que te fue transmitido. Pero también cargaban dolor y sufrimiento, y ahora tú tienes la oportunidad de transmutarlo. Al sanar esas viejas heridas y liberarte de creencias limitantes, liberas la energía atrapada en el dolor y la utilizas para crear un futuro más luminoso para ti y para las generaciones venideras.

Este trabajo no solo transforma tu futuro, sino que también impacta el pasado. Cuando cambias tu perspectiva y tu energía, liberas a tus ancestros del peso de su sufrimiento. Recuerda: nadie muere realmente; simplemente cambiamos de forma. A través de este proceso, honras el legado de tus ancestros transformando sus luchas en fuerza y amor.
Sumérgete profundamente, descubre esos patrones ocultos y libéralos. Tu viaje de transformación es un regalo para ti, para tu linaje y para las generaciones que aún están por venir.

El poder de la creencia

Si podemos aceptar tan fácilmente definiciones negativas de la vida, ¿qué nos impide abrazar las positivas? Tal vez digas: "Veo más evidencia de lo negativo, por eso lo creo más". Pero la verdad es que principalmente **notamos aquello que elegimos creer**. Cuando decides creer en lo positivo, comenzarás a ver pruebas de ello por todas partes.

El espejo funciona con retraso

Al principio, la realidad negativa puede oponerse, poniendo a prueba tu decisión de soltarla. Pero a medida que te mantienes comprometido/a con lo positivo, la vida comenzará a alinearse con tu nueva perspectiva. El espejo del mundo refleja el cambio interior con cierto retraso. Sé paciente, persistente y constante en tus nuevas formas de pensar.

Recuerda: nadie puede cambiar tu mente por ti. La elección siempre es tuya. El libre albedrío es tu derecho de nacimiento. **Eres el creador de tu experiencia— ¡aduéñate de ella!.**

Si necesitas apoyo

Las investigaciones muestran que nuestra mente está naturalmente programada para enfocarse más en creencias negativas que en positivas como parte del instinto de supervivencia para detectar y evitar amenazas. Sin embargo, con un esfuerzo consciente, podemos entrenar la mente para adoptar nuevas perspectivas empoderadoras.

Si te resulta difícil crear definiciones positivas, herramientas como un diccionario de sinónimos o ChatGPT pueden ayudarte a encontrar alternativas inspiradoras a las palabras negativas.

Para una guía más profunda, puedes agendar una sesión privada por Zoom conmigo. Con más de una década de experiencia como especialista en salud mental holística y habiendo trabajado con miles de clientes, puedo ayudarte a identificar y transformar creencias limitantes con claridad y facilidad.

Categoría: Relaciones

¿Reconoces alguna de estas afirmaciones? Tómate un momento para reflexionar sobre cosas que has escuchado de otros o sobre tus propias creencias acerca de las relaciones. Agrega las que resuenen contigo y luego reescribe cada una de forma positiva. Aunque todavía no creas del todo en las afirmaciones positivas, escríbelas como si representaran la realidad que deseas crear.

1. Las relaciones son un trabajo duro.
Sí, solía ser así para mí. Pero ahora:
• *"Las relaciones son una colaboración gozosa que crece a través del cuidado mutuo y la comprensión."*
• *"El amor fluye con facilidad cuando ambos miembros están alineados y se comunican abiertamente."*
• *"Los desafíos en una relación son oportunidades para acercarnos más, no fuentes de lucha."*

2. El amor no dura.
• *"El amor se profundiza y evoluciona con el tiempo cuando se cultiva."*
• *"Las relaciones sanas se construyen sobre el respeto, la confianza y el afecto mutuo que resisten el paso del tiempo."*
• *"El amor duradero prospera cuando seguimos eligiéndonos día a día."*

3. Hombres y mujeres quieren cosas completamente diferentes.
• *"Sí, y nos ayudamos mutuamente a realizarlas con facilidad porque encajamos como piezas de un rompecabezas de forma natural. Todo lo que debo hacer es mantenerme fiel a mi esencia."*
• *"La verdadera compatibilidad nace del amor y el respeto mutuo."*
• *"Mi pareja me ayuda a comprender mi feminidad/masculinidad siendo su polaridad."*

4. Todas las relaciones terminan en desamor.
• *"Las relaciones pueden durar toda la vida cuando están enraizadas en el amor y el respeto mutuo."*
• *"Incluso los finales pueden enseñarnos valiosas lecciones y dejarnos más fuertes."*
• *"El amor no se define por cómo termina, sino por la belleza del camino recorrido."*

5. Debes sacrificarte por la relación.
- *"Las relaciones sanas permiten que ambos crezcan siendo auténticos."*
- *"El amor verdadero eleva y apoya la individualidad de cada persona."*
- *"Honro mis necesidades mientras nutro mi relación."*

6. Los celos significan que te aman.
- *"El amor se basa en la confianza y la seguridad, no en la posesividad."*
- *"El amor verdadero celebra la libertad y la individualidad."*
- *"Una relación segura fomenta la confianza y el respeto mutuos."*

7. La gente no cambia.
- *"El crecimiento y el cambio son partes naturales de la vida y de las relaciones."*
- *"Con conciencia y esfuerzo, cualquier persona puede transformarse."*
- *"Creo en el poder del crecimiento y la evolución personal."*

8. Si es para ti, será sin esfuerzo.
- *"Las relaciones hermosas crecen a través del cuidado mutuo."*
- *"Las acciones conscientes fortalecen el amor y profundizan la conexión."*
- *"Lo que está destinado a ser también requiere intención y nutrición."*

9. Necesitas una pareja para estar completo/a.
- *"Soy completo/a y pleno/a por mí mismo/a."*
- *"Mi felicidad nace dentro de mí."*
- *"Aporto plenitud y alegría a mis relaciones siendo auténtico/a."*

10. Una vez que la confianza se rompe, nunca puede reconstruirse.
- *"La confianza puede reconstruirse con honestidad, esfuerzo y tiempo."*
- *"El perdón y la responsabilidad abren el camino a una confianza renovada."*
- *"Elijo creer en el poder de la sanación y la restauración."*

11. Las discusiones significan que la relación está fracasando.
- *"Los desacuerdos conducen a una comprensión más profunda y al crecimiento."*
- *"El conflicto es una oportunidad para descubrir verdades profundas."*
- *"Los desafíos son emocionantes porque aprendemos más sobre nosotros mismos."*

12. La gente siempre engaña.
- *"Soy leal a mí mismo/a y, como reflejo, experimento lealtad en los demás."*

• *"Atraigo parejas que valoran el compromiso y la integridad."*
• *"Confío en mí y en mis elecciones de vida."*

13. Los opuestos se atraen, pero no duran.
• *"Las diferencias enriquecen una relación cuando se viven con curiosidad y corazón abierto."*
• *"Los opuestos aportan equilibrio y fortalezas complementarias."*
• *"Los opuestos son infinitamente magnéticos."*

14. Si te amara, sabría lo que necesitas.
• *"La comunicación clara fortalece el amor y la comprensión."*
• *"Expreso abiertamente mis necesidades y deseos en las relaciones."*
• *"El amor se cultiva a través de la comprensión compartida, no de las suposiciones."*

15. No puedes priorizarte dentro de una relación.
• *"Priorizar mi bienestar fortalece mis relaciones."*
• *"Las relaciones sanas honran las necesidades de ambas personas."*
• *"Me amo y el espejo de mi mundo me devuelve amor."*

Recuerda:
Cambiar tus creencias lleva tiempo y práctica. Al enfocarte en lo positivo, creas una nueva realidad de confianza, conexión, amor y autoconciencia. A medida que crees en relaciones mejores, tu realidad comenzará a reflejar esta transformación. ¡El poder de crear las relaciones que deseas ya vive dentro de ti!

Recuerda que estás creando activamente una nueva realidad, arraigada en la confianza, la conexión, el amor y la conciencia de ti mismo/a. La evidencia de relaciones más sanas y plenas comenzará a aparecer cuando empieces a hablar y a creer en esta nueva visión. El cambio comienza dentro de ti: siembra hoy las semillas para vínculos más fuertes y dinámicas familiares más saludables.

Cuestionar estas creencias requiere autoconciencia, comunicación honesta y la disposición a redefinir qué significa realmente una relación sana. Al identificar el origen de estas creencias —ya sea en experiencias pasadas, normas sociales o influencias culturales— te empoderas para transformar tu perspectiva y crear las relaciones que deseas.

Creencias en torno a los Hombres

Si te cuesta encontrar a un buen hombre, empieza por examinar y redefinir tus creencias en torno a los hombres. Las personas en tu vida reflejan tus creencias internas: tu percepción de una pareja está moldeada por lo que aprendiste sobre los hombres, muchas veces a partir de la figura paterna durante la infancia.

Las heridas típicas en la relación padre-hija durante la niñez suelen girar en torno a la validación, la protección y la conexión emocional. Algunas de las más comunes incluyen:

1. **Indisponibilidad emocional** – Un padre distante o emocionalmente ausente puede hacer que una hija se sienta indigna de amor, lo que conduce a dificultades con la autoestima y la intimidad emocional en la adultez.
2. **Excesivamente crítico o controlador** – Un padre muy crítico o controlador puede inculcar perfeccionismo, miedo al fracaso o una necesidad constante de aprobación.
3. **Abandono (físico o emocional)** – Ya sea por divorcio, muerte o negligencia emocional, la ausencia del padre puede generar profundos miedos al rechazo, sentimientos de no merecer amor o problemas de confianza en las relaciones.
4. **Falta de validación** – Si un padre minimiza o invalida las emociones, logros o deseos de su hija, ella puede luchar con su valor personal y buscar constantemente validación externa.

5. **Sobreprotección** – Un padre demasiado protector puede generar miedo a la independencia, dificultando que su hija confíe en sí misma o se atreva a tomar riesgos.
6. **Amor condicional** – Si el amor del padre parece depender de logros, obediencia o apariencia, la hija puede internalizar la creencia de que solo es valiosa cuando cumple ciertos estándares.
7. **Competencia con hermanos (especialmente varones)** – Si un padre favorece a los hijos varones o impone roles de género rígidos, la hija puede desarrollar inseguridades sobre su valor o sus capacidades.
8. **Inversión de roles (parentificación)** – Si la hija debe cuidar emocional o físicamente a su padre, puede tener dificultades con los límites, sentirse responsable de las emociones de otros y descuidar sus propias necesidades.
9. **Herida paterna transmitida por su propio trauma** – Si el padre carga con dolor no resuelto de su pasado, puede proyectar inconscientemente sus heridas en su hija, afectando cómo ella se ve a sí misma y a las relaciones.

Estas heridas suelen manifestarse en la adultez como dificultad para confiar en los hombres, problemas de autoestima, miedo al abandono o la atracción de parejas emocionalmente no disponibles. La sanación implica re-parentarse a una misma, redefinir las creencias sobre el amor y el propio valor y aprender a cultivar la auto-confianza.

Al transformar creencias negativas en positivas, atraerás de manera natural al tipo de hombre que realmente deseas.

Ejemplos de transformaciones

1. **Emocionalmente no disponible → Emocionalmente presente y apoyador**
   • Creencia antigua: Los hombres son emocionalmente no disponibles.
   • Nueva creencia: Mi hombre es emocionalmente presente y me apoya.
2. **Insensibles → Emocionalmente sintonizados**
   • Creencia antigua: A los hombres no les importan los sentimientos.
   • Nueva creencia: Mi hombre se preocupa profundamente por mis sentimientos.

3. **Poco confiables → Confiables y responsables**
   - Creencia antigua: Los hombres no son confiables.
   - Nueva creencia: Mi hombre es 100 % confiable.
4. **Intenciones superficiales → Devoción genuina**
   - Creencia antigua: Los hombres solo quieren una cosa.
   - Nueva creencia: Mi hombre solo quiere una cosa… y soy yo.
5. **Mala comunicación → Abiertos y expresivos**
   - Creencia antigua: Los hombres no saben comunicarse.
   - Nueva creencia: Mi hombre se siente seguro conmigo para expresar sus sentimientos más profundos.
6. **Poco nutritivos → Profundamente amorosos**
   - Creencia antigua: Los hombres no son nutritivos.
   - Nueva creencia: Mi hombre es profundamente amoroso conmigo.
7. **No confiables → Totalmente confiables**
   - Creencia antigua: No se puede confiar en los hombres.
   - Nueva creencia: Confío plenamente en mi hombre.
8. **Infieles → Fieles y comprometidos**
   - Creencia antigua: Los hombres no son fieles.
   - Nueva creencia: Mi hombre es fiel y leal conmigo.
9. **Insensibles → Intuitivos**
   - Creencia antigua: Los hombres no son sensibles.
   - Nueva creencia: Mi hombre percibe perfectamente cómo me siento.
10. **Solo proveedores → Multifacéticos y presentes**
    - Creencia antigua: Los hombres solo son proveedores.
    - Nueva creencia: Mi hombre lo es todo para mí, incluido ser un gran proveedor.
11. **Falta de comprensión → Profunda comprensión**
    - Creencia antigua: Los hombres no entienden a las mujeres.
    - Nueva creencia: Mi hombre me entiende mejor de lo que yo me entiendo a mí misma.
12. **Evitan responsabilidades → Asumen responsabilidades**
    - Creencia antigua: Los hombres evitan la responsabilidad.
    - Nueva creencia: Mi hombre asume plenamente la responsabilidad por mí y por nuestra familia.
13. **Miedo a la vulnerabilidad → Comodidad con la vulnerabilidad**
    - Creencia antigua: Los hombres no son capaces de ser vulnerables.
    - Nueva creencia: Mi hombre se siente seguro en mi amor incondicional para mostrarse vulnerable.

14. **No valoran las relaciones → Aprecian profundamente las relaciones**
    - Creencia antigua: Los hombres no valoran las relaciones.
    - Nueva creencia: Mi hombre valora nuestra relación por encima de todo.
15. **Miedo al compromiso → Compromiso consciente**
    - Creencia antigua: Los hombres temen el compromiso.
    - Nueva creencia: Mi hombre está orgulloso de comprometerse con la mejor versión de sí mismo y con nuestra relación.
16. **Todos iguales → Único**
    - Creencia antigua: Todos los hombres son iguales.
    - Nueva creencia: Mi hombre es único y perfecto para mí.

Esta lista es solo un ejemplo basado en quejas comunes sobre los hombres. Para transformar verdaderamente tus relaciones, es esencial descubrir tus propios juicios y creencias.
Sé completamente honesta contigo misma: nadie más verá esta lista. Reflexiona profundamente sobre tus experiencias con los hombres, incluyendo a tu padre, abuelo, amigos, amantes y parejas. Escribe cada pensamiento, sentimiento o juicio negativo que tengas sobre los hombres, por duro o irracional que parezca.
Recuerda: estos hombres solo fueron espejos de tus creencias. Reflejaron lo que inconscientemente pensabas sobre los hombres, las relaciones y sobre ti misma. Al reconocer y reescribir estas creencias, puedes crear una realidad más positiva y plena.

Haz este ejercicio por escrito:

Haz una lista de juicios
Anota cada percepción negativa que tengas sobre los hombres. Sé minuciosa: esta es tu oportunidad de expresarte por completo sin juzgarte.
Identifica las creencias detrás de esos juicios
Por ejemplo, si piensas: "Los hombres nunca escuchan", la creencia detrás podría ser: "A los hombres no les importan mis sentimientos".

Reescribe cada creencia de forma positiva

Transforma tus juicios negativos en creencias que te empoderen. Usando el ejemplo anterior:

- Creencia antigua: A los hombres no les importan mis sentimientos.
- Nueva creencia: Mi hombre valora mis sentimientos y me escucha con cuidado y respeto.

Observa el cambio

A medida que cambias tu perspectiva e integras estas creencias positivas, comenzarás a notar transformaciones en la forma en que los hombres se presentan en tu vida.

Al reescribir tu narrativa interna, te alineas con la versión de los hombres y de las relaciones que realmente deseas. Esta transformación no solo cambia tu experiencia personal, sino que también te ayuda a romper patrones generacionales y a crear dinámicas más sanas para las futuras generaciones. Recuerda: la energía que proyectas atrae tu realidad. Cambia tus creencias y el mundo te devolverá el amor y la conexión que estás buscando.

Creencias en torno a las Mujeres

Muchas creencias sobre las mujeres en tu vida tienen su origen en la relación con tu madre. Puedes utilizar este poderoso espejo para identificar y sanar patrones destructivos como el abandono, la crítica o la sobreprotección/asfixia.

La relación entre madre e hijo es fundamental, ya que moldea el desarrollo emocional del niño, su autoestima y sus relaciones futuras. A continuación, se presentan algunas heridas infantiles comunes que surgen en esta dinámica:

1. **La madre asfixiante (fusión / enmarañamiento)**
   • **Herida:** La madre está excesivamente involucrada, es controladora o emocionalmente dependiente del hijo.
   • **Impacto:** El niño puede tener dificultades para desarrollar independencia, establecer límites y puede sentir culpa al expresar lo que siente y al defenderse.
   • **Patrones en la adultez:** Puede atraer parejas emocionalmente demandantes o tener dificultades con el compromiso.

2. La madre ausente (negligencia emocional)

• **Herida:** La madre está físicamente presente pero emocionalmente no disponible, distante o despectiva.

• **Impacto:** El niño puede crecer sintiéndose invisible, poco importante o no digno de amor.

• **Patrones en la adultez:** Puede tener dificultades para expresar emociones, miedo a la intimidad o buscar validación constante en sus parejas.

3. La madre crítica (amor condicionado)

• **Herida:** El amor de la madre depende de los logros, la perfección o la obediencia.

• **Impacto:** El niño aprende que el amor debe ganarse y desarrolla un crítico interno severo.

• **Patrones en la adultez:** Puede convertirse en adicto al trabajo, perfeccionista o complaciente, buscando aprobación constante.

4. La madre sobreprotectora (control basado en el miedo)

• **Herida:** La madre protege al niño de la incomodidad, el fracaso o el riesgo.

• **Impacto:** El niño puede crecer sintiéndose incapaz, ansioso o con miedo a tomar iniciativa.

• **Patrones en la adultez:** Puede carecer de confianza, tener dificultades para tomar decisiones o buscar parejas que asuman un rol maternal.

5. La madre emocionalmente inestable (inversión de roles)

• **Herida:** El niño se ve obligado a cuidar emocionalmente a su madre, asumiendo el rol de "hombrecito" o protector.

• **Impacto:** Aprende que sus necesidades son secundarias y que debe ser fuerte por los demás.

• **Patrones en la adultez:** Puede atraer parejas emocionalmente inestables, sentirse responsable de la felicidad ajena o reprimir sus propias necesidades.

6. La madre abandonante (ausencia física o rechazo)

• **Herida:** La madre se va (por muerte, divorcio o abandono) o rechaza abiertamente al niño.

• **Impacto:** El niño puede desarrollar miedos profundos al rechazo y al abandono.

• **Patrones en la adultez:** Puede evitar relaciones profundas, temer que lo abandonen o volverse excesivamente dependiente en el amor.

Sanar estas heridas

Sanar la herida materna implica reconocer cómo estas experiencias infantiles moldearon tus creencias sobre el amor, el valor personal y las relaciones. Los pasos clave incluyen:

- Identificar las heridas centrales y los patrones emocionales.
- Liberar emociones reprimidas y reescribir creencias limitantes.
- Desarrollar amor propio, límites sanos e independencia emocional.

Al transformar la imagen en tu mente, también creas una nueva imagen en tu realidad física. Así es como se forma la realidad —hasta en el más mínimo detalle— a través del poder de la mente. Sí, realmente eres así de poderoso.

Transformaciones de creencias sobre las mujeres:

- Las mujeres son demasiado emocionales → Mi mujer tiene emociones equilibradas.
- Las mujeres son irracionales → Mi mujer es intuitiva y perspicaz.
- Las mujeres son manipuladoras → Mi mujer es honesta y transparente porque se siente segura siendo ella misma conmigo.
- Las mujeres son débiles → Mi mujer es poderosa en sus formas femeninas.
- Las mujeres carecen de lógica → Mi mujer ve el panorama completo y conecta ideas con facilidad.
- Las mujeres son materialistas → Mi mujer está profundamente conectada con el espíritu y valora lo que realmente importa.
- A las mujeres les gusta el chisme → Mi mujer se comunica de forma abierta y directa con los demás.
- Las mujeres no son confiables → Confío plenamente en mi mujer.
- Las mujeres manejan mal → Mi mujer merece relajarse mientras yo conduzco por ella.
- Las mujeres priorizan la apariencia sobre la esencia → Mi mujer es la perfecta encarnación de la belleza interior y exterior.
- Las mujeres son demasiado necesitadas → Mi mujer se siente plena y sostenida en todos los sentidos.
- "Locas" → Diosa divina.

Al cambiar tus definiciones sobre las mujeres, transformas tu experiencia con ellas en las relaciones. Tus creencias moldean tu realidad: abraza la versión de las mujeres que eliges ver.

Nuevamente, encuentra tus propias creencias únicas, aquellas que aprendiste y experimentaste con todas las mujeres de tu vida comenzando por tu madre. Observa el espejo que te mostraron y detecta qué creencias negativas se reflejaron. Haz una lista y transfórmalas en creencias positivas.

Para invitar a la versión de mujer que deseas, descríbela con tus propias palabras. Enfócate en las cualidades que quieres ver en ella. Asegúrate de que cada vez que notes algo en la realidad que se acerque a lo que deseas, lo aprecies plenamente, para que esa nueva imagen se fortalezca en tu mente. Cuanta más evidencia observes en la realidad física, más creerá tu mente en esa nueva imagen. Presta atención a los cambios pequeños y sutiles: las realidades cambian en un susurro.

Una nota de una mujer

Yo encarno todas estas cualidades —cada opuesto, cada contradicción y mucho más—. Me abrazo completamente, confiando en que mi hombre me amará incluso cuando empuje sus límites. De hecho, expandir sus límites es parte de mi propósito como mujer. Traigo expansión a un hombre al desear más, al imaginar mayores posibilidades e inspirar su deseo de darme todo lo que quiero y satisfacerme por completo. Juntos, a través de esta expansión mutua, creamos nuevos mundos.

En toda relación existe una danza entre Shiva y Shakti, el Yin y el Yang, los consortes celestiales. Las mujeres somos infinitamente profundas como un pozo mágico de todas las posibilidades: un agujero negro que consume, transforma y te devuelve al mundo material como una nueva persona. Somos el principio y el fin, el misterio, una extensión de la madre creadora colectiva, una fuerza que no puede comprenderse ni explicarse del todo. Lo único que puedes hacer es amar a tus mujeres incondicionalmente. Esa es la clave para desbloquear su magia y permitirles florecer.

Un mensaje para las mujeres

Reconozcan su inmenso poder y utilícenlo para construir a sus hombres —sus esposos, sus hijos, su familia— desde el amor. No caigan en patrones destructivos ni actúen desde la inconsciencia. En su lugar, elévense como creadoras conscientes, porque el mundo depende de ustedes. En su amor, los hombres prosperarán y juntos darán forma a un mundo mejor.

Crea tus propias Afirmaciones

Las afirmaciones funcionan **si las haces correctamente**. Escribe las creencias negativas sobre ti misma/o que hayas descubierto a través de conversaciones con tus emociones negativas o que simplemente hayas reconocido mediante la autoobservación y la autoconciencia.

Crea **al menos 5 a 7 afirmaciones positivas** que contrarresten directamente cada creencia basada en el miedo.
Sí, necesitas **al menos cinco** para neutralizar la creencia negativa y convencer a tu mente de que las nuevas afirmaciones son la verdad.

Ejemplo

Yo no soy suficiente...	1. Soy suficiente. 2. Existo y eso es suficiente. 3. Soy una expresión única de Dios. 4. Realizo este trabajo no solo por mí sino al servicio de todos los que están conectados conmigo. Y eso es más que suficiente y verdaderamente grandioso. 5. Soy una parte irremplazable de esta Creación. Sin mí, la totalidad de la Creación no existiría. Soy infinitamente importante.

Recuérdate a ti mismo tu nueva perspectiva, especialmente cuando tu antiguo condicionamiento se active nuevamente. Los viejos patrones suelen ponerte a prueba unas tres veces solo para comprobar si realmente estás listo para soltarlos. Sin tu energía, estos patrones ya no existen, por lo que a veces luchan por sobrevivir.

Si estás claro y firme en tu posición como creador de tu propio destino, sus intentos serán inútiles y terminarán desvaneciéndose. Sin embargo, si dudas, vacilas o no te comprometes plenamente con tu visión, estos viejos patrones se fortalecerán y volverás a ver su influencia manifestarse en tu vida.

Las creencias heredadas de padres y abuelos están profundamente incrustadas en el subconsciente. Ten paciencia contigo mismo y obsérvalas cada vez que aparezcan. Con el tiempo, perderán su fuerza y finalmente se disolverán, liberándote a ti y también a las generaciones futuras. Mientras afirmas tus nuevas creencias, observa lo empoderador que se siente saber que no solo eres suficiente, sino que además estás contribuyendo al bien mayor de la humanidad. Aférrate a esa sensación y deja que te guíe hacia adelante.

Comunicación clara: Te Veo

Cuando nuestra mente egóica está cargada de creencias dolorosas y limitantes sobre nuestra propia falta de valía, el dolor emocional se activa con facilidad. En este estado mental, las conversaciones abiertas y honestas se vuelven increíblemente difíciles. Caminamos de puntillas unos con otros, con miedo de provocar una explosión emocional de miedo, rabia, resentimiento o tristeza. Esta dinámica frágil frena el desarrollo de relaciones profundas e íntimas y debilita nuestra capacidad de conectar de verdad.

Para no activar el dolor del otro, mantenemos conversaciones superficiales y poco inspiradoras —o peor aún, dejamos de hablar por completo—. ¿Cuántas personas conoces que han cortado relación con un familiar por miedo a remover viejas heridas? ¿Cuántas relaciones permanecen congeladas en el silencio porque ninguna de las dos partes se atreve a reabrir el dolor del pasado?

Se necesita valentía y habilidad para enfrentar estas heridas y guiarnos hacia la madurez emocional y la sanación. El antídoto para esta epidemia silenciosa es desarrollar inteligencia emocional y una profunda autoconciencia a través del trabajo con la sombra. Observa tus reacciones emocionales. Nota qué te detona. Limpia las creencias negativas y los patrones de pensamiento tóxicos que te mantienen atrapado en el dolor. No intentes cambiar a los demás ni convencerlos de que están equivocados; enfócate simplemente en liberar tu propia mente del peso de una programación obsoleta y autodestructiva.

Cuando aprendemos a procesar nuestras emociones en lugar de reprimirlas, despejamos la mente egóica y trascendemos al centro del corazón: el espacio del amor incondicional y la conexión verdadera. Allí, el ego se vuelve liviano, transparente, inquebrantable. Nada nos detona ya. Las conversaciones se vuelven claras, fáciles y profundamente satisfactorias. Empezamos a ver la luz radiante en cada persona: su belleza, su gracia, su esencia única.
Cuando las personas ya no tienen que actuar como espejos de tu dolor no sanado, brillan como estrellas. Y cuando tu propio sufrimiento deja de cegarte, por fin puedes verlas en toda su brillantez divina.

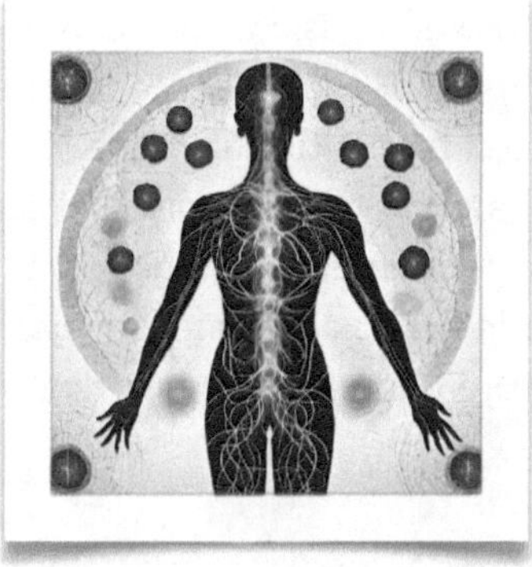

Trabajo con la Sombra para la Sanación Física

Reemplazar las emociones negativas por emociones positivas puede tener efectos profundos en el cuerpo físico. Emociones negativas como el miedo, el resentimiento y la culpa suelen crear tensión crónica en el cuerpo, activando la respuesta al estrés y provocando inflamación. Con el tiempo, este estrés puede alterar los sistemas corporales, debilitar el sistema inmunológico y contribuir al desarrollo de enfermedades crónicas.

En un sentido metafísico, el dolor emocional no resuelto —como la baja autoestima, sentirse no amado o creer que uno es inadecuado— se almacena en el tercer chakra, el centro de la mente egóica. Cuando las emociones se reprimen en lugar de procesarse en el momento, las empujamos hacia el inconsciente, hacia la memoria genética del cuerpo y hacia los centros energéticos inferiores, donde se acumulan como carga emocional no procesada. Con el tiempo, esta acumulación obstruye el cuerpo sutil, interrumpiendo el flujo natural de energía a través de los chakras y meridianos, debilitando y alterando su funcionamiento normalmente vibrante.

A nivel físico, este estancamiento suele manifestarse como molestias abdominales, dolor lumbar y un abdomen persistentemente abultado. Como sanadora psicosomática, observo estos patrones a diario en mis clientes.

Si no se aborda, años de supresión emocional conducen a toxicidad tanto en el cuerpo energético como en el físico, contribuyendo finalmente a afecciones crónicas y enfermedades. La diabetes, por ejemplo, se asocia con una incapacidad para disfrutar la dulzura de la vida, reforzando una creencia subconsciente en la lucha y la dificultad. El cáncer suele tener raíces en resentimientos profundamente arraigados. El estancamiento emocional y energético prolongado acelera el envejecimiento e incluso puede llevar a una muerte prematura, como una renuncia inconsciente o deliberada a la vida.

Al transformar estas emociones —mediante prácticas como el trabajo con la sombra— en emociones positivas como la aceptación, el amor y el perdón, comenzamos a calmar el sistema nervioso y a liberar la tensión almacenada. A medida que despejamos el "desorden" emocional, el cuerpo puede volver a un estado de equilibrio, permitiendo que ocurra la sanación natural.

Si el miedo se siente como tensión en el cuerpo, el amor se siente como expansión. Cuando el cuerpo está en su estado natural y abierto, la energía fluye libremente y la sangre y la linfa circulan sin restricciones, evitando que las toxinas se acumulen en los tejidos. Es la acumulación de toxicidad —mental, emocional y, finalmente, física— la que conduce a trastornos crónicos como la artritis e incluso el cáncer.

El trabajo con la sombra apoya este proceso al ayudar a identificar y liberar las creencias ocultas y los patrones inconscientes que alimentan las emociones negativas. Este cambio sanador no solo favorece el bienestar mental, sino que también promueve la restauración física, permitiendo que el cuerpo repare tejidos dañados, restablezca la calidad del sueño y recalibre sus sistemas. A través de un trabajo emocional profundo, las afecciones crónicas influenciadas por creencias negativas sostenidas durante mucho tiempo y emociones reprimidas pueden finalmente comenzar a sanar, transformando no solo la mente sino también el cuerpo.

El Peso de las Emociones: La Causa Oculta de la Obesidad

La obesidad se ha convertido en una epidemia moderna, especialmente en Estados Unidos, donde estamos constantemente expuestos a alimentos tóxicos, pesticidas, conservantes e ingredientes altamente procesados. Sin embargo, a pesar del ejercicio y las dietas, muchas personas siguen luchando con grasa abdominal persistente, fluctuaciones constantes de peso y la sensación de que el cuerpo se aferra a algo invisible.
¿La pieza que falta? Las emociones.

La mayoría de los enfoques para bajar de peso pasan por alto las profundas raíces emocionales del aumento de peso. El miedo y la inseguridad no son solo efectos secundarios de los problemas de imagen corporal; a menudo son la causa. Es como si el cuerpo, en un intento de protegerse de amenazas externas e internas, creara un amortiguador físico: una capa de grasa.

Muchas personas que luchan con problemas crónicos de peso son almas profundamente compasivas y sensibles que crecieron en entornos emocionalmente hostiles. Si emociones como la rabia o la tristeza no eran bienvenidas, se reprimían: se empujaban hacia el cuerpo en lugar de expresarse. Con el tiempo, estas emociones almacenadas se acumulan y se manifiestan físicamente como afecciones crónicas, incluida la obesidad. Y dado que el trauma puede ser generacional, este patrón suele transmitirse de forma inconsciente de madre a hija, de la mente al cuerpo, de generación en generación.

Cada zona donde se acumula la grasa contiene un mensaje emocional oculto:

- La celulitis en los muslos suele reflejar ira infantil no procesada y miedos de supervivencia, conectados con el chakra raíz y el chakra sacro.
- La grasa abdominal señala una necesidad de protección en entornos sociales y profundas inseguridades sobre el propio valor o rabia, vinculadas al chakra del plexo solar.

Cuando la energía queda bloqueada por una congestión emocional crónica, el cuerpo lo expresa como acumulación de grasa y desequilibrios. Pero aquí vienen las buenas noticias: esto puede liberarse mediante un trabajo interno consciente.

La clave es acceder a esas emociones atrapadas y procesarlas. A través del Método del Espejo, el trabajo corporal psicosomático o incluso con las medicinas vegetales psicodélicas, puedes finalmente liberar viejas heridas, disolver traumas heredados y restaurar el flujo de energía. Y cuando la energía vuelve a moverse libremente, el exceso de peso se derrite —como la nieve con el calor de la primavera— transformándose de nuevo en pura energía de fuerza vital.

Como sanadora psicosomática, ayudo a las personas a liberarse de patrones generacionales, soltando creencias y mecanismos de afrontamiento que ya no les sirven. Cuando limpias estos bloqueos emocionales, no solo bajas de peso: recuperas tu belleza natural, tu vitalidad y tu potencial ilimitado en cuerpo, mente y espíritu.

Técnicas de Auto-Sanación

Los miedos arraigados desde hace mucho tiempo, incluidos los ancestrales, se acumulan en el cuerpo en forma de tensión crónica, almacenándose en músculos, huesos, órganos e incluso en los dientes y los nervios. Por eso algunas afecciones cardíacas o problemas dentales parecen repetirse a lo largo de las generaciones. Sin embargo, no tienes por qué seguir siendo víctima de estos patrones heredados. Al identificar el miedo y transformarlo de vuelta a su fuente original de energía pura, puedes iniciar un proceso de sanación natural.

Aquí tienes una técnica simple y efectiva de conciencia emocional y autosanación.

Pasos para liberar el miedo y la tensión:

1. Localiza el miedo en tu cuerpo

Presta atención a dónde se manifiesta físicamente el estrés cuando surge un pensamiento de miedo. Observa qué zona se siente tensa o pesada. Si tienes un dolor crónico, este suele ser un indicador de que estás sosteniendo un miedo, rabia o tristeza de larga data en esa área.

2. Conecta y reconforta

Coloca tu mano sobre la zona afectada. Respira profundamente, tararea suavemente o simplemente lleva tu atención a ese lugar. Repite afirmaciones positivas de los ejercicios anteriores, enviando amor y compasión a ese espacio. Trátalo como a un niño asustado, diciendo: *"Estás a salvo conmigo. Yo te cuido."* A medida que nutres esa zona, notarás cómo comienza a relajarse y abrirse.

3. Abraza la quietud

Siéntate en silencio, permitiéndote sentir la paz y el amor como tu energía de origen. Esta conexión tranquila permite que el proceso de sanación se profundice.

A través de estas prácticas, no solo liberas el miedo y sanas el dolor, sino que también abres el camino hacia una existencia más libre y saludable para ti.

Causas Espirituales de la Enfermedad Física

Antes de la encarnación, cada alma elige sus propias lecciones únicas. Estas lecciones no son castigos; son oportunidades para equilibrar amor, sabiduría y poder. La vida no se repite simplemente en ciclos sino que avanza en espiral. Cuando una lección regresa, no es porque hayas fallado en aprenderla, sino porque te encuentras con ella desde un nuevo nivel de conciencia.

Si una lección no puede ser comprendida mentalmente ni sentida emocionalmente, se convierte en un "catalizador no utilizado". Esta energía no procesada suele hundirse en el cuerpo físico, manifestándose como dolor, tensión o enfermedad. El cuerpo habla cuando la mente y el corazón están sobrecargados y se cierran, cuando no te permites sentir tus emociones.

La enfermedad crea una pausa. Te obliga a ir hacia adentro y a escuchar más profundamente, a entablar una conversación con el miedo, la ira o el resentimiento que dieron origen a la enfermedad. Proporciona el espacio para sentir aquello que fue evitado y para ver lo que no estabas listo para enfrentar.

La sanación comienza cuando preguntas: **"¿Qué está tratando de decirme mi cuerpo?"** y permites que la verdad salga a la superficie. El cuerpo es el espejo de tu mente inconsciente e incluso de la mente del alma.
Cuando el conflicto interno se libera —a través del sentir, la honestidad y la autorreflexión— el cuerpo físico siempre acompaña ese cambio. El propósito de la enfermedad nunca es dañar; es guiarte de regreso a la alineación con la intención original de tu alma y ayudarte a ver la verdad más profunda.

La enfermedad no es un fracaso.
Es un mensaje.
Y cuando se comprende, se convierte en un camino hacia una sanación y una plenitud más profundas.

Cómo liberar Energías Negativas (Entidades) Adheridas

Las adhesiones energéticas ocurren cuando el estado interno de una persona se vuelve bajo o inestable. Cuando alguien siente miedo, culpa, vergüenza o enojo, cae en hábitos dañinos y su energía se debilita. Esto crea pequeñas aperturas en su "campo energético" y energías más densas o desorientadas pueden adherirse a él o ella.

Estas energías no siempre son malas; muchas están simplemente confundidas o buscando calor, contención o dirección. Se adhieren porque tu vibración lo permite, no porque entren por la fuerza.

Cuando tus emociones bajan, estas energías resuenan con ese estado y se alimentan de las emociones densas que liberas.

Pero recuerda: **nada puede controlar tu alma**.

Tú siempre estás al mando. La sensación de estar "tomado" solo aparece cuando olvidas tu propio poder interior.

Cómo detener los apegos energéticos

1. Reclama tu poder en voz alta.

Dite a ti misma/o:

"Soy un ser soberano de luz. Solo la energía que vibra en amor puede permanecer en mi espacio."

Esta simple afirmación te devuelve el control.

2. Eleva tu vibración todos los días.

Cuanto más alto es tu estado emocional, más difícil es que algo denso permanezca cerca de ti.

3. Puedes elevar tu vibración con:

- gratitud
- perdón
- alegría
- música
- naturaleza
- risa
- actividades creativas

4. Usa la luz para limpiar tu energía.
Imagina una luz blanco-dorada brillante descendiendo desde arriba, llenando todo tu cuerpo, limpiando cualquier energía pesada y transformándola en luz.

5. Pide apoyo si lo deseas.
Puedes invocar la energía del Arcángel Miguel u otros seres de apoyo para fortalecer tu campo. Cuando pides con un corazón claro, el apoyo llega.

6. Protege tu campo energético.
Después de limpiar, imagina que estás dentro de una burbuja luminosa, cristalina.
Esta burbuja respira contigo y solo permite que el amor entre y salga.

Recuerda
Las adherencias energéticas se disuelven cuando llevas luz a tu espacio.
La oscuridad no puede permanecer donde la luz se mantiene viva.
No eres débil ni indefensa/o.
Eres un creador poderoso que está recordando cuán fuerte es en realidad.
Mantén tu energía estable, tu corazón abierto y tu conexión con tu verdadero ser… y ninguna energía externa podrá quedarse adherida a ti.
Transforma las partes internas que lloran, se enojan o tienen miedo en chispas de luz con tu Amor.

Una práctica sencilla para elevarte por encima del miedo: Método de la Respiración de la Alegría

Los pleyadianos entregaron este método a la civilización atlante para guiarla fuera del miedo. El miedo es una de las emociones más fuertes del mundo y el 99 % de las personas lo tiene, incluso si no lo nota, ya que es un atributo del inconsciente colectivo humano.

El miedo suele quedar atrapado en el cuerpo, especialmente en la zona del estómago, donde el cuerpo almacena emociones y memorias antiguas. Existe una práctica sencilla que ayuda a salir del miedo y entrar en una sensación de alegría. Este método se conoce como **la convergencia del flujo de la alegría**.

El Método de la Respiración de la Alegría

1. **Inhala profundamente.**
   Lleva la respiración hasta el abdomen bajo.
2. **Sostén la respiración por un momento.**
3. **Aprieta suavemente la zona del estómago**
   (el abdomen bajo, donde suele almacenarse el miedo).
4. **Mientras aprietas, observa un pequeño destello de alegría o ligereza.**
   Esta sensación puede ser sutil al principio, pero se vuelve más fuerte con la práctica.
5. **Exhala lentamente y relájate.**

Al repetir este ejercicio, el cuerpo aprende a cambiar del miedo a la alegría. Cuanto más lo practiques, más fácil será mantenerte en calma, estable y libre.
Este es uno de los métodos psicosomáticos más simples y efectivos para elevarte por encima del miedo.

La metafísica de tu frecuencia: Tus emociones construyen tu línea de tiempo

Existen distintos estados de conciencia que corresponden a diferentes "niveles" emocionales. Tu vibración siempre coincide con la emoción en la que estás viviendo. Cuando vives desde el miedo, tu mente se conecta con el campo colectivo del miedo, y el miedo comienza a guiar tus decisiones. Ves el mundo a través del miedo, actúas desde el miedo y terminas en la línea de tiempo creada por elecciones basadas en el miedo: pobreza, infortunio, dificultades, desamor.

Pero cuando vives desde el amor, la alegría o la paz, asciendes a un campo de conciencia más elevado. Te conectas con otros que vibran de la misma manera, y esto genera apoyo, claridad y una intuición más fuerte. Cada persona elige el mundo emocional en el que quiere vivir —de forma consciente o inconsciente— y esa elección da forma a su realidad.

Tus pensamientos, emociones, intenciones e incluso tus palabras crean energía que alimenta el campo más amplio que te rodea. Para crecer, para cambiar, debes soltar viejos patrones, creencias y emociones que ya no te sirven; dejarlos ir y abrazar emociones y reacciones de mayor vibración. Así es como te sintonizas con un estado superior.

Cuando te conectas con el campo de la conciencia a través de tus emociones, tu intuición se vuelve más clara. Comienzas a percibir qué decisiones te conducen hacia la vida que deseas. Y para dar forma a tu futuro, debes recordar una verdad simple: todos somos Uno. Lo que haces a los demás, te lo haces a ti.

Si deseas un futuro lleno de paz, abundancia, salud y felicidad, debes vivir esas cualidades ahora —a través del perdón, la compasión y la bondad—. Estas acciones siembran semillas en tu conciencia. A medida que crecen, crean la vibración que trae tu realidad deseada a la forma.

Ejemplo Real de Sanación Psico-Somática

Muchos de mis pacientes, especialmente mujeres, sufren de **Síndrome de Intestino Irritable**, inflamación del colon (colitis) e incluso **hemorroides** como resultado de una inflamación crónica. Si bien existen muchas recomendaciones dietéticas para manejar estas condiciones, algunos casos siguen siendo altamente persistentes.

Cuando el intestino está inflamado, los alimentos no pueden procesarse ni absorberse adecuadamente, lo que conduce a una **malnutrición crónica**. A pesar de tener acceso a abundante comida, la persona puede tener dificultades para comer sin experimentar hinchazón y dolor abdominal de leve a severo. Con el tiempo, esta malnutrición desencadena una cascada de problemas secundarios, incluyendo **fatiga crónica**, **niebla mental** y una disminución significativa en la calidad de vida.

Los tratamientos convencionales como los fármacos antiinflamatorios, pueden aliviar los síntomas pero rara vez ofrecen una cura completa. Las causas profundas de estos trastornos suelen provenir de **tensión crónica en el intestino** y de **patrones de alimentación impulsados por las emociones**. La integración de la terapia psicosomática junto con los tratamientos dietéticos y farmacológicos convencionales ha demostrado ser altamente efectiva para muchos de mis clientes.

A continuación, un ejemplo de una sesión terapéutica con una clienta real, Elizabeth.

Elizabeth: Me duele la parte baja del abdomen y presento estreñimiento, inflamación del colon y, en ocasiones, hemorroides dolorosas. Me siento fatigada, irritable y con muy poca energía.

Sanador PS (Psicosomático): Cuando observamos la colitis (inflamación del colon) y las hemorroides desde una perspectiva psicosomática, vemos que ambas condiciones suelen estar relacionadas con temas de **emociones reprimidas, control y la incapacidad de soltar o procesar ciertas experiencias**. La función del colon es eliminar desechos; por lo tanto, cuando está inflamado, puede simbolizar **desechos emocionales**: sentimientos antiguos y no resueltos que están "atascados" y generan irritación interna.

Raíces emocionales de la colitis y las hemorroides

Colitis (inflamación del colon):

- Ira o resentimiento no procesados: ¿Hay enojo que has estado reteniendo, ya sea hacia ti misma/o o hacia otros? Puede ser una ira que reprimiste porque expresarla parecía inseguro o inaceptable.
- Dificultad para soltar: ¿Te aferras a heridas del pasado, relaciones o situaciones que ya no te sirven?
- Miedo a perder el control: La colitis puede reflejar un caos interno cuando la vida se siente impredecible, activando la necesidad de controlar lo externo para sentir seguridad.
- Sensación de estar sobrepasada/o: La inflamación suele reflejar un sistema emocional saturado: demasiado para "digerir" a nivel mental y emocional.

Hemorroides:

- Presión y esfuerzo: Más allá del esfuerzo físico durante la evacuación, las hemorroides pueden representar tensión emocional: sentirse presionada/o por responsabilidades, expectativas o cargas no expresadas.
- Rabia reprimida: Pueden reflejar emociones que "hierven" y no encuentran salida, a menudo ligadas a frustración con una/o misma/o o con otros.
- Temas de apoyo y seguridad: El área rectal está vinculada a los instintos de supervivencia: seguridad financiera, hogar, necesidades básicas y sensación de apoyo. ¿Te sientes insegura/o o poco apoyada/o en áreas clave de tu vida?

Preguntas de *El trabajo con la sombra* para explorar:

1. ¿Qué me niego a soltar emocionalmente?
2. ¿Hay duelo, ira o resentimiento que se sienta demasiado doloroso de enfrentar?

3. ¿Qué pasaría si soltara el control en ciertas áreas de mi vida?
4. ¿En qué áreas de mi vida me siento atrapada/o o bajo presión?
5. ¿Estoy en situaciones donde me siento estancada/o, incapaz de avanzar o cargada/o de expectativas?
6. ¿Qué emociones me avergüenzan o temo expresar?
7. ¿Me enseñaron que expresar enojo o vulnerabilidad era inaceptable?
8. ¿Cómo se sentiría dar espacio a esas emociones sin juzgarlas?
9. ¿Dónde me critico o me rechazo más?
10. El autorrechazo puede crear "inflamación" interna ya que el cuerpo refleja la dureza de la mente.

Prácticas de indagación somática:

- Ejercicio de conciencia corporal: Siéntate en silencio, coloca las manos sobre el abdomen y sintoniza con las sensaciones. Pregunta: *"Si esta tensión/inflamación pudiera hablar, ¿qué diría?"*
- Observa cualquier imagen, palabra o emoción que surja sin intentar analizarla.
- Liberación emocional: Permítete sentir cualquier enojo, tristeza o miedo que aparezca. Date permiso para llorar, gritar en una almohada o escribir una carta sin filtros (no es necesario enviarla).

Liberar los "desechos" emocionales:

- Trabajo de perdón: No para justificar acciones ajenas, sino para soltar el agarre que tienen sobre tu sistema nervioso. Perdónate a ti misma/o y reemplaza la culpa por gratitud por las lecciones aprendidas.
- Diálogo con la niña/niño interior: La colitis y las hemorroides pueden señalar patrones de la infancia relacionados con la represión emocional. ¿Qué necesitabas cuando te sentías sobrepasada/o o sin apoyo?
- Aplicación del Método del Espejo: Usa situaciones que te detonan o el malestar físico como espejos. ¿Qué creencia sobre ti o sobre la vida se refleja a través de este dolor?

Elizabeth: Sí, siento que apoyo a todos los demás, pero yo no me siento apoyada. Siento la presión de las obligaciones y el miedo de no poder cumplir mis expectativas o pagar mis cuentas. Todo eso es un estrés constante de fondo.

Comencemos reconociendo esta verdad:
Estás sosteniendo a todos los demás, ¿pero quién te sostiene a ti?
Tu cuerpo probablemente está diciendo: *"No puedo seguir cargando con todo esto sola."*
La inflamación (colitis) refleja el fuego interno de la frustración y el desborde, mientras que las hemorroides simbolizan la **presión** de responsabilidades que se sienten atascadas, sin salida.

Indagación somática: darle voz al cuerpo
Tómate un momento ahora, si puedes:

- Coloca las manos sobre tu abdomen (en el área donde sientes molestia).
- Cierra los ojos y respira profundamente varias veces, sintiendo cómo sube y baja el abdomen.
- Pregúntale a tu cuerpo:
    - *"¿Qué estás tratando de decirme a través de este dolor?"*
    - *"¿Qué emoción estoy sosteniendo aquí?"*
    - *"¿Qué pasaría si dejara de cargar con el peso de todos los demás?"*

No fuerces una respuesta. Solo observa si aparecen palabras, imágenes o emociones: enojo, tristeza, miedo o incluso entumecimiento (que puede ser una defensa ante emociones abrumadoras).
¿Qué surge cuando haces esto?

Capa emocional: el miedo debajo de la presión
Mencionaste el miedo a no cumplir con las expectativas y a no poder pagar tus cuentas. Este miedo suele estar ligado a instintos profundos de supervivencia: *"Si fracaso, ¿qué será de mí?"*
No es solo un miedo financiero; a menudo está enraizado en:

- Miedo a perder el control
- Miedo a ser abandonada o no recibir apoyo
- Miedo a no ser vista como "suficiente"

Exploremos esto con algunas preguntas reflexivas:

1. *"¿Qué significaría sobre mí si no pudiera cumplir con mis obligaciones?"*
2. *"¿De quién sigo buscando aprobación inconscientemente al sostenerlo todo?"*
3. *"¿En qué momento de mi vida aprendí que tenía que cargar con todo sola para sentirme segura o valiosa?"*

Insight de *El trabajo con la Sombra*

A menudo, quienes cargan con el peso de todos, tuvieron que convertirse en "la/el fuerte" muy temprano en la vida:

tal vez porque no había nadie más que pudiera hacerlo, o porque aprendieron que su valor estaba ligado a lo que hacían y no a quiénes eran.

- ¿Eso resuena contigo?
- ¿Hubo momentos en tu infancia en los que sentiste que no podías confiar en otros y aprendiste a depender solo de ti?

Elizabeth: Sí, soy la hija mayor y siempre fui responsable de mis hermanos menores. Me enseñaron que no podía confiar en nadie en la vida excepto en mí misma. También tengo problemas de confianza: no creo que los demás hagan bien las cosas, así que siento que tengo que hacerlo todo yo.
Sanadora PS: ¿Y cómo te sientes con respecto a eso?
Elizabeth: Me siento enojada. ¡No es justo!
Sanadora PS: Es muy bueno que te permitas sentir la emoción auténtica y reconocerla. Las emociones son las claves para identificar los sistemas de creencias negativas en el inconsciente. Así es como podemos trabajar con el enojo:

Liberando la presión (emocional y física)

1. Reconocer el enojo

- Debajo del desborde suele haber enojo no expresado: *"¿Por qué siempre tengo que ser yo?"*
- Está bien sentir esto. No te hace ingrato ni mala persona.

Ejercicio:

Escribe una carta sin filtros a las personas o sistemas que sientes que te cargan (no la envíes; estás trabajando con tus propios programas, no con los de ellos). No intentes cambiar a los demás: solo ellos pueden hacerlo cuando estén listos. Deja que las emociones fluyan sin juicio.

2. Recuperar tu espacio

- Pregúntate: *"¿Qué estoy haciendo por obligación que ya no quiero hacer?"*
- Aunque no puedas cambiar todo ahora, identifica **una** pequeña obligación que puedas soltar, delegar o decir "no".
- Este es el primer paso para reentrenar a tu sistema nervioso y que aprenda que es seguro no cargar con todo.

3. Crear soporte interno

- Imagina que le hablas a tu niña interior, la parte de ti que aprendió que debía ser fuerte.
- Dile: *"Veo lo duro que has trabajado para sostenerlo todo. Ya no tienes que hacerlo sola."*
- Visualiza cómo la envuelves con el amor y el apoyo que tanto necesitaba..

¿Qué está apareciendo ahora?

- ¿Hay emociones particularmente intensas?
- ¿Surgen recuerdos o comprensiones nuevas al explorar esto? Estoy aquí para sostener este espacio contigo mientras profundizamos.

Elizabeth: Tengo miedo de perder el control y de soltar a mis hijos. Tengo miedo de que, si no mantengo el control, me derrumbe, no pueda pagar el arriendo o no cumpla con mis obligaciones. Si eso pasa, temo perder el respeto por mí misma y que mi familia también me pierda el respeto.

Sanadora PS: Gracias por abrirte con tanta vulnerabilidad. Este miedo a perder el control —especialmente en relación con tus hijos, el dinero y el autorrespeto— es profundo. No es solo supervivencia práctica; toca el núcleo mismo de tu identidad, tu seguridad y tu valor personal. La carga de sentir *"si no sostengo todo, todo se derrumba"* es aplastante, emocional y físicamente. No es extraño que tu cuerpo esté inflamado: es como si tu sistema nervioso gritara *"ya no doy más"*.

Desarmemos esto con suavidad

1. El miedo a perder el control

- El control se siente como seguridad. Es tu escudo contra el caos, el fracaso y la sensación intolerable de no ser suficiente.
- Pero aquí está la paradoja: cuanto más nos aferramos al control, más ansiedad e inflamación generamos. El control da una ilusión de seguridad, sin embargo, la verdadera seguridad nace de la confianza: en ti, en la vida y en tu capacidad de adaptarte.

Reflexión:

- *"¿Qué temo que ocurra si suelto completamente el control?"*
- *"¿Qué partes de mí creo que se derrumbarán si no estoy 'sosteniéndolo todo'?"*

Muchas veces no tememos que la vida colapse, sino que se derrumbe la frágil estructura de autoestima que construimos alrededor de *"tener todo bajo control"*.

2. El miedo a soltar a tus hijos

- Esto toca un instinto de supervivencia profundo. Como madre, tu cerebro está diseñado para proteger y asegurar su bienestar. A veces, ese instinto se transforma en control porque parece la única forma de garantizar seguridad —para ellos y para ti.
- Debajo de esto hay duelo: duelo por las etapas que ya pasaron, duelo por las partes de ti que se sienten menos necesarias a medida que ellos crecen.

Preguntas para explorar:

- *"¿Qué dice de mí que mis hijos ya no me necesiten como antes?"*
- *"¿Tengo miedo de sentirme invisible o poco importante si ellos son independientes?"*

Tu valor no está ligado al control, sino al amor. Y ese amor no disminuye cuando crecen; solo cambia de forma.

3. El miedo a perder el autorrespeto y el respeto familiar

Aquí está el corazón de la herida. Existe la creencia de que tu valor depende de rendir, lograr y cumplir expectativas.

Pero el respeto condicionado al desempeño no es respeto real; es un contrato frágil que probablemente internalizaste en la infancia. En algún momento aprendiste:

- "Si no soy fuerte, soy débil."
- "Si fracaso, no valgo."
- "Si no puedo con todo, no merezco amor ni respeto."

Pregunta de *El trabajo con la Sombra*:

- *"¿Quién me enseñó que el amor y el respeto se ganan a través del sacrificio y la perfección?"*
- *"¿Cómo se sentiría ser respetada solo por existir, no por lo que hago?"*

Práctica somática: soltar el agarre del control

Siéntate en silencio con una mano en el corazón y otra en el abdomen. Respira profundo y, con cada exhalación, imagina que aflojas el agarre —no a la vida, sino a la creencia de que debes controlarlo todo para estar a salvo. Repite suavemente:

- "Es seguro soltar, aunque sea un poco."
- "Soy valiosa incluso cuando no tengo el control."
- "No tengo que cargar con todo sola."

Deja que las emociones —tristeza, miedo, enojo— se muevan sin juicio.

La herida central: miedo al colapso = miedo a no ser valiosa

Tu cuerpo intenta mostrarte algo: no es la pérdida de control lo que nos quiebra, sino la creencia de que sin él no somos nada.

- ¿Y si desmoronarse no fuera un fracaso, sino el inicio de una reconstrucción más auténtica?
- ¿Y si perder el control fuera la puerta para descubrir una versión de ti que no depende de logros externos para sentirse valiosa?

Elizabeth: *Wow.* Algo acaba de cambiar en mi mente. Me di cuenta de que estaba interpretando un rol, pero ese rol no soy realmente yo. Fingía ser fuerte y tenía miedo de que ese personaje se cayera porque era mi identidad. Pero soy mucho más que eso. Gracias por abrirme la puerta a la nueva yo. Estoy soltando ese equipaje viejo. Me siento mucho más liviana ahora, siento que la vida puede ser divertida y no solo una obligación.
Sanadora PS: ¿Y cómo se siente ahora tu abdomen?

Elizabeth: Respiro mejor. Ahora puedo respirar hacia el abdomen. Me di cuenta de que antes contenía la respiración, era muy superficial, y ahora no tengo miedo de respirar profundo. Me siento más relajada. Y, más importante aún, tengo más claridad.

Sanadora PS: Me honra profundamente sostener este espacio contigo. Tu valentía para mirar estos miedos es un poder real —uno que no necesita demostrarse. Ya estás haciendo la parte más difícil: ser honesta contigo misma.

Elizabeth: Gracias. Me doy cuenta de que muchos de mis patrones vienen de mis padres y abuelos.

Sanadora PS: Esa es una comprensión muy poderosa. Reconocer que tus patrones provienen de tus padres y abuelos es como encontrar la raíz de un árbol que llevabas años podando. Cuando ves la raíz, puedes decidir qué conservar, qué sanar y qué soltar.

Esta toma de conciencia es el primer paso hacia la libertad

- No estás rota: has estado cargando creencias heredadas y estrategias de supervivencia transmitidas de forma inconsciente.
- Estos patrones no nacieron de tu esencia verdadera; fueron mecanismos que tenían sentido en la vida de tus ancestros. Pero tú vives otra realidad ahora, y puedes elegir distinto.

Preguntas para profundizar:

- *"¿Qué creencias sobre la fuerza, el control y el valor heredé de mi familia?"*
- *"¿De quién es la voz que escucho cuando siento que no soy suficiente?"*
- *"¿Qué era lo que más temían mis padres o abuelos, y cómo ese miedo me moldeó?"*

Estas preguntas te ayudan a separar lo que realmente es tuyo de lo que has llevado por lealtad, hábito o supervivencia.

Una Carta para ti

De: Mí

Gracias por leer este libro. Espero que te haya inspirado a emprender tu propio viaje hacia ese espacio íntimo interior donde te encuentras con más de ti mismo/a.

Aunque compartimos muchas experiencias como seres humanos, finalmente, cada uno de nosotros vive en una realidad única. Nuestras matrices personales pueden superponerse pero también pueden ser profundamente diferentes. Tanto nuestra mente ancestral colectiva como nuestra mente individual moldean la realidad a través de aquello que creemos verdadero. Cada uno proyecta conciencia en un espacio compartido, dándole forma según su percepción. Cuando esto se comprende, el juicio se disuelve y surge de manera natural la apreciación por las distintas perspectivas.

Dado que creamos nuestro mundo a través de la percepción, cambiar tu mundo comienza verdaderamente por cambiar la forma en que lo percibes. Desde la perspectiva del alma, entramos en esta vida con lecciones elegidas, personajes acordados y experiencias destinadas a desplegarse. Algunas son traumáticas, otras extáticas, pero todas son sagradas. Cada momento tiene valor. Elegimos si enfrentar nuestros miedos o permanecer atados a ellos hasta estar listos para recordar nuestra libertad y nuestro gozo. Incluso el dolor, el aburrimiento y la frustración cumplen una función. A través de una vasta gama de experiencias, aprendemos sobre nosotros mismos y descubrimos nuestra profundidad como el Creador. Todo esto ocurre en el momento presente, dentro de la eternidad misma. Incluso la ilusión del tiempo limitado es una frontera autoimpuesta que nos permite explorar el envejecimiento y la muerte como contrastes frente al infinito.

Cada uno de nosotros carga heridas de la infancia, a menudo moldeadas por la falta de amor o de apoyo. Sin embargo, cuando tomamos distancia, la vida se revela como un viaje épico. En toda gran historia, el héroe lleva una herida, enfrenta conflictos y supera obstáculos para adquirir sabiduría. Sin villano no hay héroe ni historia. Aquellos que nos hirieron no son obstáculos en nuestro camino: son personajes esenciales dentro de él.

En el gran diseño, nuestra familia del alma nos ama tanto que aceptó interpretar los roles más difíciles, reteniendo amor o seguridad para guiarnos hacia adentro y encontrar eso dentro de nosotros mismos. Todos acordamos desempeñar papeles en la vida de los demás para un crecimiento mutuo. Y así como otros nos han herido, nosotros también hemos herido a otros. Si has sido madre o padre, inevitablemente has causado dolor, no por maldad, sino porque este rol fue acordado a nivel del alma.

Así que no permanezcas en el papel de víctima. Recuerda que eres el Creador de tu realidad: de toda esta película llamada vida, incluido este libro y yo escribiéndolo. Invitaste a cada personaje que aceptó co-crear esta experiencia contigo, todo con fines de aprendizaje y evolución.

La vida no te está sucediendo a ti. Está sucediendo para ti. Cada desafío es parte de tu transformación. Los villanos, los corazones rotos y las traiciones son catalizadores del devenir. Los héroes no maldicen su camino: reconocen que cada herida abre una puerta a un amor más profundo y que cada desafío es una invitación a elevarse.

A través de todas las experiencias, regresamos a nuestra esencia central: la fuente de la cual surge toda la realidad. A través del olvido, recordamos, ahora desde una perspectiva distinta y más profunda, que somos la fuente misma: conciencia pura, amor infinito, paz dinámica, poder ilimitado y gozo sin fronteras. Por eso olvidamos quiénes somos realmente: para redescubrir la verdad más profunda. Este es el camino de evolución tanto de nosotros como porciones individualizadas del Único Creador, como del Único Creador Infinito en su totalidad.

Cuando estamos alineados con esta esencia, la vida se siente extática y liviana, como si estuviéramos siempre enamorados, porque el amor es nuestra naturaleza. Si no te sientes así, simplemente significa que estás fuera de alineación. Las herramientas de este libro están aquí para ayudarte a restaurar el equilibrio y reconectar.

Eres el creador de todo, incluidos tus miedos y tu libertad, y creas únicamente para explorar y experimentar. No necesitas morir para volver a casa. El hogar siempre ha estado dentro de ti. La práctica consiste en aprender a permanecer conectado a él mientras participas plenamente en el mundo material.

He aprendido a tomar vacaciones frecuentes de regreso a la fuente, entrenando mi mente para descansar allí mientras observa cómo la vida se despliega. Cuando algo se siente insatisfactorio, ajusto hacia adentro. La vida se convierte en un campo de juego gozoso: vivir plenamente como este avatar, saborear la existencia y abrazar cada momento.

Recuerda siempre que el amor es la vibración fundamental que subyace a toda la creación. Incluso el odio es amor distorsionado de su frecuencia original. Volver al amor es nuestro viaje colectivo, y lo estamos caminando juntos, ahora. Me siento privilegiada/o de estar aquí contigo en este tiempo. Elegimos co-crear esta realidad: gracias.

Si este libro te ha inspirado, por favor compártelo. Juntos, individual y colectivamente, estamos transformando este mundo.

Gracias por hacer este trabajo con la sombra. Sé que a veces puede sentirse solitario y oscuro, pero quizá te sorprenda cuán profundamente compartimos las mismas luchas. A través de culturas y contextos distintos, los patrones que nos atan son notablemente similares.

Gracias por tu valentía y por tu deseo de recordar quién eres en verdad.

Te amo.

Anya Deva

www.ingramcontent.com/pod-product-compliance
Lightning Source LLC
LaVergne TN
LVHW100316210926
848480LV00003B/1151
* 9 7 9 8 9 0 2 7 1 1 8 2 7 *